조용익의
부천
넓게
—
쓰기

조용익의 부천 넓게 쓰기

제1판 1쇄 발행 2026년 1월 20일

기획	조용익
펴낸이	김덕문
편집	손미정
교열	공희준
디자인	놈normmm
영업	이종률
제작	정우미디어

펴낸곳	더봄
등록일	2015년 4월 20일
주소	서울시 마포구어울마당로 130 기린빌딩 3105호
대표전화	02-975-8007 ‖ **팩스** 02-975-8006
전자우편	thebom21@naver.com
블로그	blog.naver.com/thebom21

ⓒ조용익, 2026

ISBN 979-11-92386-46-1 03340

조용익의
부천 넓게 ___ 쓰기

조용익 지음

도시의 규모는 단순히 면적과 인구수 같은
물리적 요소에 의해서 좌우되지 않는다.
꿈이 큰 도시야말로 진짜 큰 도시다.
부천은 운동장을 넓게 쓰는 도시다.
시민의 꿈이 크기에 부천은 큰 도시다.
도시의 지평과 미래를 넓혀나가는
하루하루의 기록을 시민과 나누고 싶다.

다시 뛰는 부천,

꿈이 큰 도시가
진짜 큰 도시다

"운동장을 넓게 쓰겠다."

부천시장에 취임한 이래 부천을 '운동장을 넓게 쓰는 도시'로 만들기 위해 노력해왔다. 부천은 경기도 31개 시군 중 여섯 번째로 면적이 좁다. 한때 빠른 속도로 성장하며 경기도 최대 인구를 자랑하는 도시였지만 어느 순간 성장세가 정체됐다. 부천이 다시 한번 도약하기 위해서는 도시 구석구석에 숨겨진 잠재력을 최대한 끌어모아야 한다. 운동장을 최대한 넓게 써야 한다. 그리고 무엇보다 효율적이면서 창의적으로 써야 한다. 민선 8기 부천시정은 기존의 낡은 틀에 얽매이지 않고 담대한 도전과 혁신의 길을 개척하기 위해 노력한 4년이었다.

80만 부천시민도 부천의 재도약을 간절히 기원하고 있다. 이러한 부천시민의 염원에 부응하는 경사가 지난해 연말 우리 곁에 찾아왔다. 2007년 시민구단으로 출범한 부천FC1995가 창단 후 처음으로 1부리그인 K리그1에 진출한 것이다. 시민구단으로서 놓인 열악한 상황

속에서 거둔 기적이었다. 특히 이영민 부천FC1995 감독의 탁월한 리더십이 큰 역할을 했다. 빠른 공수전환과 측면을 넓게 쓰는 전술은 특정 스타 선수에 의존하지 않고 다양한 선수가 득점에 관여하는 효율적인 축구를 가능케 했다. 여기에 부천시는 단기간의 성적에 연연하지 않고 전폭적인 지원을 통해 부천FC1995만의 색깔을 가진 축구를 완성하도록 뒷받침했다. 부천FC1995의 축구는 운동장을 넓게 쓰려는 부천시정 방향과 놀랍도록 일치했고, 결국 기적을 이뤄냈다.

"리더의 크기가 나라의 크기다"라는 말이 있다. 그와 마찬가지로 도시의 크기를 측정하는 데에 면적과 인구 같은 물리적 요소가 절대적이지 않다. 시민들이 가슴에 품고 있는 꿈의 크기, 도시의 행정을 책임지는 시장과 공직자들이 머릿속에 그리고 있는 미래 비전과 발전전략의 크기가 그 도시의 진정한 크기인 것이다.

부천은 시민들이 큰 꿈을 가진 도시이다. 민선 8기 부천시는 부천시민이 가진 커다란 꿈을 현실에서 구체적으로 실현하는 데 행정의 최우선 순위를 두어왔다.

부천은 땅의 크기만 보면 큰 도시가 아닐지 모른다. 그러나 부천은 지난 4년 동안 그 어느 대도시와 견줘도 뒤지지 않을 강력한 신성장동력을 탑재했다.

무엇보다도 부천 대장 도시첨단산업단지를 성공적으로 조성해왔다. 대한항공, SK하이닉스와 SK이노베이션, DN솔루션즈 등 내로라하는 유수의 기업들을 부천에 유치했다. 이를 통해 메모리 반도체 생산을 위한 인공지능AI 기반 제조 역량이 강화되고, 친환경에너지 연구개발

R&D·미래 모빌리티·정밀기계 등의 다양한 분야들이 하나의 지붕 아래 모이는 첨단산업 생태계 클러스터가 부천시에 마침내 탄탄하게 구축됐다.

미래가 더 크고 밝은 부천을 만들기 위한 준비도 착착 진행되었다. 부천시민들의 간절한 염원이었던 과학고등학교를 유치해 유능한 미래 인재들을 체계적으로 육성할 산실을 관내에 마련했다. 대한민국의 미래를 이끌어갈 창의·융합 인재를 부천에서 길러내고, 첨단산업과 문화예술 인프라가 어우러지는 '첨단과학 교육도시'의 완성을 향한 위대한 첫걸음을 힘차게 내디뎠다.

밖으로의 원활한 연결과 안에서의 활발한 소통을 도모하는 일은 도시 행정의 기본 중의 기본이다. 부천시는 이 두 가지 기본적 과제 모두에서 확실한 진전을 이룩해왔다.

밖으로는 GTX-B·D·E·F 노선 및 대장~홍대선 등 광역교통망을 확충하는 작업에 박차를 가했다. 서해선의 KTX-이음열차 소사역 정차를 위해서도 전방위로 뛰고 있다. 안으로는 1기 중동신도시와 원도심의 재정비가 차질 없이 진행될 수 있도록 온 힘을 바쳤다. 신도시와 원도심의 상생과 균형발전에 필요한 소중한 초석이 놓인 셈이다.

이뿐만이 아니다. 부천시는 이재명 정부의 국정운영 목표인 국민주권시대의 개막에도 선도적으로 앞장섰다. 민·관 거버넌스를 강화하고 풀뿌리 지방자치를 회복해 시민 중심의 민주 자치행정을 실현하는 데 전력을 기울였다. 아울러 원미·소사·오정 3개 구 및 37개 일반동으로의 행정 체제 전환이 이뤄짐으로써 광역동 체제의 불편사항으로 지적되던 접근성과 편의성 문제를 해결하고, 안전과 복지 기능을 더욱더 내실 있게 갖출 수 있게 되었다.

민선 8기 부천시는 민주주의가 크고 단단한 도시임을 과시했다. 기억하기조차 끔찍한 윤석열-김건희 정권 시대에 부천시는 부당한 정치권력과의 싸움에 주눅 들지 않고 나섬으로써 빛의 혁명과 내란 종식에 모범적으로 기여했기 때문이다.

내가 시장에 취임한 지 3개월 만에 '윤석열차' 사건이 터지며 부천시는 윤석열 정권과 정면으로 충돌했다. 한 예술고등학교 학생이 카툰 Cartoon 작품을 통하여 윤석열-김건희 부부와 정치검찰을 풍자했다는 이유로 윤석열 정권은 문화도시 부천의 숨통을 거칠게 옥죄어왔다. 두 해에 걸쳐 국비보조금을 2023년 대비 75% 삭감하는 등 윤 정권은 부천시를 겨냥해 무자비한 보복의 칼날을 휘둘렀다.

엄혹했던 군사독재정권 때도 가능했던 권력 풍자가 윤석열의 검찰독재 치하에서는 일절 허용되지 않았다. 나는 문화도시의 정체성과 흔들리는 민생을 반드시 바로 세우겠다고 다짐하고 정권의 폭압에 물러서지 않고 맞섰다. '윤석열차' 탄압 사태는 현직 대통령이 내란수괴가 되어 자행한 반헌법적 비상계엄의 예고편이었다.

2024년 12월 3일, 계엄의 밤이 대한민국을 덮쳤다. 나는 시민들과 함께 거리로 나섰다. 부천에서, 여의도에서, 그리고 광화문에서 찬바람을 맞으며 헌법과 민주주의를 수호하기 위해 나선 민주시민들과 동지가 되어 저 무도한 윤석열의 친위군사쿠데타 세력과 싸웠다. 결국은 국민이 내란의 우두머리를 끌어내렸고, 이재명 더불어민주당 후보가 국민의 선택을 받아 대한민국 제21대 대통령에 당선됐다. '진짜 대한민국'을 만드는 '빛의 혁명'이었다.

곤두박질쳤던 국가 경제가 완연하게 회복하고, 코스피 지수는 사상 최초로 4,500선을 돌파했다. 이재명 대통령의 유능하고 탁월한 리더십에 힘입어 국제무대에 화려하게 복귀한 대한민국은 한미 정상회담과 경주 APEC 정상회의 같은 여러 가지 어려운 시험대를 슬기롭게 통과하며 선진국의 위상과 품격을 보여주었다.

그렇지만 방심은 금물이다. 새해에도 신발 끈을 더욱더 단단히 동여매야 한다. 다가오는 전국동시지방선거는 이재명 정부와 함께, 80만 부천시민과 함께, 더불어 잘사는 부천을 만들 수 있는 결코 놓쳐서는 안 될 절호의 기회이기 때문이다.

나는 민선 8기 부천시가 주어진 물리적 한계를 극복하고 첨단 기업들과 과학고등학교 등을 차례로 유치하며 도시의 실질적 성장 공간을 미래지향적으로 확장해온 기록을 이 책에 오롯이 담았다. 이는 질 좋은 일자리가 창출되고, 쾌적한 정주환경이 보장되며, 신속한 광역교통망이 조화롭게 갖춰진 자족도시를 향해 시민들과 공직자들이 함께 걸어온 뜻깊은 발자취이기도 하다.

이 책이 이재명 정부의 성공과 민주당의 승리, 그리고 부천시민의 행복한 미래를 만들어가는 데 작지만 의미 있는 보탬이 되기를 바란다.

2026년 새해 아침
조용익

PART 2. 미래를 여는 기록, 시정 일기

PART 3. 언론에 비친 조용익

PART 1

조용익의
소신과 철학

시장에 취임한 이후 나는 부천을 깊은 잠에서 깨우고 싶었다. 부천의 심장을 다시 뛰게 하고 싶었다, 기력을 회복한 부천이 힘차게 비상해 오래도록 꺼지지 않고 밝게 빛나는 '등대도시'가 되는 것이 내 꿈이고 소망이다. 나는 그런 소망과 꿈을 안고 시장으로서 수행해야 할 어렵고 힘든 일에 다시 한 번 나서려고 한다.

부천시민과
빛의 혁명

부천에서 청와대로, 청와대에서 다시 부천으로

부천시는 쟁쟁한 인물들이 즐비하게 포진한 곳이다. 도시의 규모는 광역시나 특례시에 비해 작지만 대도시 부럽지 않은 풍부한 인재들이 모여 있다. 그런 경쟁자들 중에 내가 더불어민주당의 공천을 받아 2022년 시장에 당선된 것을 생각하면 막중한 책임감과 사명감을 느낀다.

부천은 내게는 물과 산소 같은 곳이다. 물과 산소 없이는 사람이 살수 없듯이, 나는 부천 없이는 살 수 없다.

나는 민선 부천시장으로 취임하기 전부터 부천에서 무료 법률 상담을 비롯한 다양한 사회 활동을 해왔다. 부천에서 민주당 당세를 확장하고 지지 기반을 넓히는 일이라면 시간과 에너지를 아끼지 않았다. 그러한 노력과 공적이 인정을 받아 청와대 행정관으로 발탁되는 영광을 누리기도 했다.

취임 1호 결재 사항, '시장실을 개방하라'

내가 시장에 취임한 후 가장 먼저 한 일은 시장실을 개방하는 일이었다. 그래서 취임 1호 결재 사항은 시장실 개방이었다. 그전에는 재개발과 재건축을 비롯한 각종 민원인의 출입을 막으려고 시장실을 통제했었다. 지극히 행정 편의주의적 발상이었다.

행정조직의 총책임자가 바뀌었으면 시민들이 체감할 수 있는 수준으로 변화가 뒤따라야 한다. 나는 '열린 시장실'을 표방하고 실천함으로써 변화의 시작을 알렸다. 가장 큰 가시적 진전은 시민들과 시장이 눈높이를 맞추고 허심탄회한 대화를 나눌 수 있는 직접적 소통 창구가 마련된 점이었다.

행정 성패의 8할은 민심과의 시속적인 소통 여부에 달려 있다. 이것이 내가 소통 제일주의를 일관되게 고집해온 이유이다. 시민들이 불편함을 호소하는데 행정의 책임자가 시민들의 목소리를 회피한다면 기본이 안 된 것이다.

경계와 문턱이 없는 행정을 추구하다

내가 추구한 '경계를 넘는 행정'과, '문턱을 없애는 행정'은 시장실 개방에서 멈추지 않았다. 나는 다음으로 폐지된 동과 구를 복원하는 일에 소매를 걷어붙였다.

동사무소, 즉 현재의 행정복지센터와 구청은 풀뿌리 행정의 최일선 기관이다. 시민들의 자발적인 자치활동은 이러한 공간을 터전으로 삼아 이뤄져 왔다. 그런데 동과 구가 사라지면서 시민들의 자치활동이 갑자기 막히고 말았다. 이는 관리상의 편의를 명분으로 풀뿌리 민주주의 후퇴를 초래했다.

이재명 정부는 '회복과 성장'을 천명하며 출범했다. 부천시에서는 내가 취임 초에 역점을 두고 추진한 동과 구의 복원이 회복과 성장의 첫걸음이 되었다. 돌아온 자치 공간에서 시민들이 활발하게 토론하고 자유롭게 의견을 교환하고 있기 때문이다. 이재명 대통령이 시장으로 커다란 업적을 남긴 성남과 더불어 부천은 시민사회의 활동이 활발하기로 명성이 높았다. 그 영광의 재현을 위해 지금 부천은 씩씩하게 나아가는 중이다.

문은 열려야 한다. 벽은 허물어야 한다. 시민의 의견이 여과 없이 시정에 반영되어야 도시가 생명력이 살아있는 공간으로 발전할 수 있다. 시장실 개방과 동과 구의 복원이 부천의 숨결이 되기를 바란다.

이 계엄은 무조건 위헌이고 불법이야

2024년 12월 3일, 그날은 평생 잊을 수 없는 날이 되었다. 나는 외부에서 모임이 있었는데, 아내로부터 다급한 목소리로 전화가 걸려 왔다. 윤석열이 텔레비전에 등장해 비상계엄을 선포했다는 얘기였다. 당혹감도 잠시, 본능적으로 시청으로 즉각 복귀해야 한다는 생각이 들었다.

나는 시청으로 복귀하자마자 부천시청 주요 간부 비상회의를 긴급하게 소집했다. 머릿속에는 시민들을 지켜야 한다는 일념뿐이었다. 시민들의 생명과 안전과 재산을 보호하는 일이야말로 시장으로서의 최우선 책무였기 때문이다.

나는 대학에서 법학을 전공하고 사법시험에 합격해 오랫동안 변호사로 일했다. 윤석열이 한밤중에 기습적으로 선포한 비상계엄이 불법적이고 위헌적인 내란 행위임을 법률가로서의 경험과 직감으로 알고 있었다.

1980년 5월 광주의 시민군 마음으로

나를 가장 분노케 한 것은 계엄사령부 명의로 발표된 이른바 포고령 제1호였다. 그것은 민주주의를 정면으로 짓밟는 내용이었다. 특히 국회는 물론이고 지방의회의 활동마저 저들이 일방적으로 금지한 부분은 도저히 용납할 수 없었다. 명색이 검찰총장을 했다는 자의 머릿속에서 저런 시대착오적 발상이 나왔다는 사실이 너무나 황당하고 어이가 없었다.

마음이야 당장 다른 시민들처럼 여의도 국회의사당으로 달려가고 싶었지만 내가 지키고 머물러야 할 곳은 80만 부천시민을 책임질 부천시청이었다. 만약의 사태에 대비해 시청을 지키던 나는 1980년 5월 전남도청을 끝까지 사수하던 시민군의 장엄한 최후가 머릿속에 떠올라 속으로 울음을 삼켰다. 나는 부천시장이기 전에 대한민국의 민주시민이었다.

당시 민주당 대표였던 이재명 대통령과 우원식 국회의장과 민주당 정치인들, 그리고 무장한 계엄군으로부터 국회를 지켜낸 수많은 대한국민들의 용기와 헌신 덕분에 계엄은 해제되었다. 민주주의의 위대한 승리였고, 이재명 대통령의 당선으로 완성된 찬란한 빛의 혁명의 시작이었다.

계엄이 해제되었어도 아직 마음을 완전히 놓기는 어려웠다. 윤석열의 내란 세력이 또 무슨 음흉한 수작을 부릴지 몰랐기 때문이다.

나는 날이 밝은 다음에도 긴급 대책회의를 열어 간밤의 비상계엄이 시민들의 일상에 미칠 피해와 악영향을 막기 위한 방법을 논의했다. 각종 재난 상황에 대처하기 위해 비상 연락망을 평소에 잘 관리해온 것이 다행이었다는 생각이 들었다. 윤석열의 무도한 계엄이야말로 영락없는 천재지변이었다.

부천시 공무원들의 헌신과 고마운 가족들

윤석열의 내란 행위는 2024년 12월 3일에 있었다. 윤석열에 대한 탄핵소추안은 같은 해 12월 14일 국회에서 가결되었다. 윤석열은 다음 해인 2025년 4월 4일에 헌법재판소에서 대통령직 파면이 최종 선고되었다.

이 짧지 않은 기간 동안 나는 부천시민들의 삶이 윤석열의 내란 때문에 초래된 중앙 정치의 격변과 무관하게 안정적으로 유지될 수 있도록 힘썼다. 쉽지 않은 일이었다. 가뜩이나 어려운 민생경제에 윤석열의 무책임한 계엄선포가 직격탄을 날렸기 때문이었다. '경제는 심리'라는 얘기가 있다. 시민들이 불안한 마음을 갖지 않도록 부천시의 전 공직자들이 발이 부르트도록 뛰어다녔다. 시민들의 불안감을 자극하거나 증폭시키는 일이 관내에서 일어나지 않도록 해야 했다.

피곤한 몸을 이끌고 밤늦게 집에 돌아오면 아내와 아이들은 나를 걱정스러운 표정으로 바라봤다. 이제는 성인이 된 아이들은 아버지가 공직자임을 의식해 시종일관 신중한 몸가짐을 잃지 않았다. 그러면서도 주말마다 서울 여의도와 광화문에서 개최되는 윤석열 탄핵 촉구 집회에 참여했다. 아내와 아이들이 너무나 고맙고 듬직하게 느껴졌다.

윤석열의 친위쿠데타, 지역경제에 치명타를 날리다

코로나 19 바이러스가 창궐할 때 민생경제는 무너지다시피 했다. 그런 어려움에서 서서히 벗어나려는 즈음에 터진 윤석열의 무도하고 불법적인 비상계엄 선포는 살아나려는 경제의 싹을 짓밟는 희대의 폭거였다.

문제는 윤석열의 중앙정부가 이전부터 경제 회생에는 별다른 노력과 열의를 보여주지 않았다는 점이었다. 손을 놓고 있는 중앙정부에 기대를 접은 지방정부들이 서민들의 삶을 지원하고, 중산층의 생활에 활력을 주기위해 아등바등 애쓰는 중이었다. 중앙정부는 자기들이 마땅히 져야만 할 경제 살리기의 책임을 지방정부로 떠넘기고 외면했다.

내가 시장으로 재임하고 있는 부천시의 경우도 그랬다. 윤석열 정권은 긴축재정 구호를 외쳤는데 사실 이는 무늬만 긴축재정이었다. 용산으로 대통령 집무실을 무리하게 이전하고, 우크라이나를 지원하는데 천문학적 액수의 국가 예산이 쓰였기 때문이다.

그런 반면에 윤석열 정부는 긴축재정을 이유로 부천시로 보내는 지방교부금을 1년 기준 1400억 원가량을 일방적으로 줄였다. 윤석열이 집권한 3년 동안 5천억 원에 달하는 지원금을 주지 않은 것이다.

중앙정부에서 지방자치단체에 마땅히 주어야 할 5천억 원의 나랏돈이 펑크가 났으니 부천시로서는 손발이 묶여버렸다. 그로 말미암아 지역화폐 발행을 비롯한 지역경제 살리기에 필수적인 사업들도 진행할 수가 없었다.

코로나 19 바이러스 사태를 계기로 서민층과 중소 상공인들은 경제 살리기와 관련해 국가로 대표되는 공공의 기능과 역할에 더 많은 기대를 걸게 되었다. 윤석열 정권은 국민들의 이러한 여망과는 정확히 반대로 갔다. 민생이 어려우면 정부가 재정을 투입하여 적극적으로 나서서 살려야 한다는 사실을 철저하게 외면했다.

민생경제를 살리려는 부천시의 자강 노력

그렇다고 해서 중앙정부의 무책임만 탓하며 지방정부가 손놓고 있을 수는 없었다. 중앙정부는 식당 손님의 반이 줄었음을 통계로만 발표할 뿐이었다. 그러나 지방정부는 식당 주인들의 한숨과 눈물을 직접 대면해야 하는 입장이었다.

윤석열 정권 집권 기간에는 중앙정부에 기대할 수 있는 게 전혀 없었다. 결국 지방정부에게는 유일한 선택지가 남았다. 바로 자강自强이었다.

부천시는 자강을 이루고자 전방위적인 노력을 펼쳤다. 일단은 행정에 들어가는 비용을 최대한 아꼈다. 마른 수건을 짜내는 기분이었다. 지역화폐 발행처럼 시민들의 삶에 꼭 필요한 사업들을 추진하는 데 필요한 예산을 확보하고자 동분서주했다. 시청 공무원들은 각종 공모 사업을 따내려고 야근을 마다하지 않았다.

특히 중점을 둔 작업은 우수한 기업들을 부천시에 유치하는 일이었다. 부천의 잠재력과 가능성을 알아본 눈 밝은 기업인들이 부천에 사무실을, 공장을, 연구개발 시설을 마련하겠다고 할 때마다 나는 가슴 벅찬 보람과 희열을 느꼈다.

부천시가 앞장서는 '회복과 성장'

윤석열 정권은 민생경제에 결정적 치명타를 날린 죄인임에도 끝까지 오만했다. 그들은 민주당 소속 자치단체장들이 있는 지방정부와는 얼굴도 보지 않으려 했다. 그들에게는 경제보다는 당리당략이 먼저였다.

윤석열 정권이 3년 만에 끝장나지 않았다면 부천의 지역경제는 어떻게 되었을까? 상상만으로도 몸서리쳐질 만큼 끔찍하다.

이재명 대통령의 더불어민주당과 위대한 민주시민들이 함께 이뤄낸 빛의 혁명으로 새로운 정부가 출범한 일은 민생경제의 회복과 성장의 관점에서 생각하면 역사적인 쾌거였다. 지역경제가 살아날 수 있다는, 서민들의 고단한 삶의 주름살이 펴질 수 있다는 희망을 가질 수 있게 되었기 때문이다.

'몸통도시' 부천을
아시나요?

부천을 위한 꿈 Dream for Bucheon

나에세는 부천을 위한 꿈이 있다. 부천이 전 세계 모든 도시들이 지향할 미래의 방향을 밝혀줄 '등대도시'가 되는 것이다. 부천은 행정시스템의 선진화와 시민사회의 성숙도 등의 부문에서 대한민국 도시발전 역사의 선도자 역할을 해왔다. 그러나 한동안은 정체된 상태였다. 시장에 취임한 이래로 나는 부천을 잠에서 깨우고 싶었다. 부천의 심장을 다시 뛰게 하고 싶었다, 기력을 회복한 부천이 다시 힘차게 비상하는 것이 나의 꿈이고 소망이다. 그렇기 때문에 나는 시장직을 겨루는 어렵고 힘든 시험대에 다시 한 번 서려고 한다.

잘사는 도시가 되는 데 필요한 필수적 전제조건이 있다. 사람 간의 소통과 동네 사이의 연결이 빠르고 편리해야만 한다는 점이다. 그러자면 도시의 기초체력이 강화돼야 한다. 공직자들의 대민행정 서비스가 개선되어야 한다.

나는 부천이 다채로운 색깔을 지닌 도시로 바뀌었으면 하는 바람을 갖고 있다. 도시의 이미지를 시대의 흐름에 맞춰 업그레이드하고, 부천만의 고유한 특색을 도시 곳곳에 입힐 필요가 있다. 공간적인 배치에 변화를 주어야 할 곳이 있다면 과감한 변화에도 주저하지 않을 것이다.

산뜻하게 변모한 부천에서 시민들은 편리함과 여유로움을 만끽하며 삶의 만족도가 확연히 높아질 것이다. 말하기는 쉬워도, 행하기는 어려운 그 길을 구체적으로 설계하고 마침내 실현해내는 일이 시장으로서의 마땅한 소임이라고 생각한다.

당장은 불편해도 혁신의 길을 가자

혁신은 본디 불편하고 어려운 일이다. 현실에 안주하면 당장은 편할지 모른다. 그러나 그 순간 낙오하고 패배하게 된다. 선거 때의 공약 사항을 다 실천했다고 자족해서는 안 된다. 변화에 대비하고, 혁신을 위한 희생을 마다하지 않는 게 공직에 임하는 나의 철학이고 가치관이다.

도시의 가치와 경쟁력을 높이려면 행정 책임자가 기본적인 방향을 미리 준비해놓고 있어야 한다. 급하게 임기응변으로 대응하다 보면 도시는 길을 잃고 헤매게 된다.

나는 뛰어난 행정의 요체는 구조적 변화를 설계하는 능력에 있다고 믿는다. 탁월하고 책임감 있는 행정가는 더 높은 자리나 더 큰 권력을 탐해 곁눈질해서는 안 된다. 시민들을 목적이 아닌 수단이나 도구로 대해서도 안 된다. 시대가 나에게 부여한 역할을 감사한 마음으로 받아들이며 주어진 소명을 실천하기 위해 총력을 다해야 한다. 그러기 위해서는 유능한 행정가의 조건인 소신과 뚝심과 일관성이 필수다.

부천은 여러 가지 면에서 유리한 조건을 갖추고 있다. 그런데 그 장점을 100% 활용하지 못했다. 결국 새롭게 드러나는 난제에 신속하고 효과적으로 대처하는 데 한계를 보였다. 그 한계들이 구조적 고통으로 전환되기 전에 하드웨어와 소프트웨어 양쪽 모두에서 도시의 대대적이고 전면적인 구조적 혁신이 단행돼야 한다.

기술과 문화의 미래지향적 융합, 보스턴시와 가와사키시

미국 보스턴시의 예를 들어보자. 보스턴은 도시개발청BPDA : Boston Planning & Development Agency이 주의 소속에서 시 소속으로 바뀌었다. 우리나라로 치면 토지주택공사LH를 개별 도시들이 직접 관리하게 된 형국이다. 주 단위에서 행사했던 권한을 시가 일임받음으로써 보스턴은 자체 도시의 특성에 걸맞은 맞춤형 부동산 정책을 전개할 수 있게 되었다.

그때부터 체계적인 관리가 가능해졌다. 누가 도시 행정의 수장이 되든 관계없이 도시의 기본적 틀을 유지해갈 수 있었다. 보스턴은 땅값이 계속 오르면서 공장들이 외곽으로 빠져나갔는데 그 공백을 의료와 생명공학 분야로 채워나가는 중이다.

보스턴 중심 지역의 인구는 70만 명 정도에 불과하다. 그런데 대학이 무려 17개나 있다. 전통적인 제조업 도시에서 교육과 첨단 산업이 결합한 산학 협력의 연구개발 도시로 전환한 것이다.

미국은 우리나라와는 태평양을 사이에 두고 있으므로 실감이 나지 않을 수 있다. 그렇다면 일본의 가와사키시川崎市를 살펴보도록 하겠다. 가와사키는 도쿄만에 인접한 인구 150만 명가량의 도시이다. 가와사키 역시 보스턴처럼 공업도시에서 문화와 첨단 과학기술이 공존하는 도시로 탈바꿈하는 중이다. 가와사키는 부천과 자매결연을 맺은 도시이기도 하다. 그 인연으로 두 도시의 공무원들과 청소년들이 인적 교류를 해왔다.

나는 미국의 보스턴과 일본의 가와사키에서 부천의 미래를 발견하고 있다. 부천은 이들 도시와 견주어 볼 때 면적도 작고 인구도 적다. 그러나 전통적 공업도시에서 문화와 기술이 공존하는 미래 도시로의 업그레이드를 지향하고 있다는 공통분모가 있다.

거대한 공장이 들어서야만 도시가 발전하고 번영하는 것이 아니다. 규모는 상대적으로 작더라도 연구개발R&D 시설을 지속적으로 유치하는 것도 효율적이다. 문화적 인프라와 교육에 대한 투자를 대폭 확대하면 대도시 못지않은 삶의 질을 누릴 수 있는 강소도시로 거듭날 수 있다. 나는 첨단 과학기술과 문화의 품격이 공존하는 부천을 만들고 싶다.

히딩크 감독은 한때 '오대영 감독'이라는 별명으로 불린 적이 있었다. 그러나 그는 한국 축구의 월드컵 4강 신화를 이뤄냈다. 부천을 전 세계에서 손꼽히는 강소도시로 키우겠다고 하면 다들 고개를 저을 것이다. 그러나 어려운 일이기에 성취의 보람도 클 것이다. 그리고 앞으로 부천이 반드시 도달해야만 할 목표이다.

미래로 가는 첫 관문, 부천과학고

부천에 과학고를 유치하는 일은 많은 부천시민들이 오랫동안 염원해온 숙원사업이었다. 이와 관련된 여론조사를 실시해 보니 찬성률이 압도적으로 높았다. 시민들도 도시 경쟁력의 강화를 간절하게 바라고 있는 것이다.

부천에서 태어나고 자라는 아이들이 어떻게 성장하느냐는 시장인 나를 비롯한 부천의 기성세대의 절박한 고민이자 문제의식이다. 시장은 현재를 살면서 미래를 준비해야 하는 위치에 있다. 부천의 미래 먹거리를 만들어내는 일은 내게는 결코 소홀히 할 수 없는 중차대한 과제이다.

부천의 지속가능성은 교육과 문화와 연구개발에 있다. 이 세 가지 일은 분리될 수 없고 함께 가야만 한다.

지금은 평생교육 시대이다. 교육의 중요성을 아무리 강조해도 지나치지 않은 이유이다. 그런데 부천의 우수한 학생들이 으레 외지로 빠져나가는 게 가슴 아픈 현실이었다. 우수인력을 유치해도 모자랄 판국에 지속적인 두뇌 유출이 계속돼왔다. 부천에 과학고가 들어서면 학생들이 먼 곳으로 학교를 다닐 필요가 없을 뿐만 아니라 다른 지역의 빼어난 학생들도 부천으로 유치해 올 수 있다.

두 날개를 가진 도시 부천

부천은 두 개의 날개를 가진 도시다. 이는 우리나라는 물론이고 전 세계적으로 매우 희귀한 사례일 터이다. 부천을 몸통으로 생각한다면 한쪽 날개는 서울특별시, 다른 날개는 인천광역시다.

이렇게 보면 부천은 낀 도시가 아니다. 두 개의 큰 날개를 단 중심도시이다. 중심도시가 되려면 그에 어울리는 실력과 체력을 갖춰야 한다. 그렇지 못하면 무거운 날개를 감당하지 못하고 추락하고 만다.

가와사키는 도쿄와 요코하마 사이에 있다. 그런데 충분한 실력과 체력을 축적한 덕분에 도쿄와 요코하마를 양 날개로 거느린 몸통도시로 굳건하게 섰다. 가와사키가 해낸 일을 부천도 충분히 해낼 수 있다. 서울과 인천 사이에 낀 도시라는 선입관을 불식시키고, 두 거대 도시를 양쪽에 거느린 몸통도시로 우뚝 설 수 있다.

더욱이 부천은 가와사키와 견주어 볼 때 압도적으로 유리한 입지 조건이 있다. 부천이 전 세계를 향해 힘차게 웅비할 수 있도록 양 날개 역할을 해줄 국제공항을 양쪽으로 끼고 있기 때문이다.

부천, 문화 브레인을 오래전에 장착하다

부천이 가와사키와 비교해 우월한 요소는 또 있다. 부천의 탁월한 문화적 인프라이다. 문화재단은 특정한 도시의 문화 브레인 기능을 담당하는 기관이다.

문화 정책의 컨트롤 타워인 문화재단이 부천에서는 서울보다 3년이나 빨리 설립됐다. 나는 이 사실이 대단히 자랑스럽다. 한 도시의 문화적 소양에서 부천이 서울을 앞지르고 있다는 생생하고 구체적인 물증이기 때문이다.

금상첨화로 부천아트센터는 전 세계 어느 아트센터와 견주어도 손색이 없는 시설과 규모를 구비하고 있다. 문화면에서 볼 때 부천이 어떤 도시와 비교해도 자신이 있는 근거이다.

문화도시 부천의 겸손한 매력

부천은 외지에서 유입된 시민들이 많은 도시이다. 그러나 오랫동안 이웃끼리 서로 믿고 의지하며 생활해오면서 부천시민이라는 공통의 정체성을 확실하게 체득하게 되었다. 부천에는 공장도 많아 진보적이고 개혁적인 노동 운동의 성지 역할을 했다. 그렇지만 현재는 부천시의 발전을 위해 노사가 합심하고 있다.

과거의 부천은 전형적인 농촌 마을이었다. 그러나 원혜영 시장 이후 문화도시로 꾸준히 탈바꿈해왔다. 부천이 한적한 농촌 마을에서 제조업 중심의 공업도시로 변모했고, 공업도시에서 세련된 문화도시로 업그레이드하는 과정에는 시민들의 기여와 헌신이 절대적 몫을 차지했다.

문화는 뿌리를 내리는 데 오랜 시간이 걸리기 마련이다. 그 일을 슬기롭고 위대한 부천시민들은 이루어 냈다. 그런 긍지와 보람과 성취감이 부천시민들에게 스며들어있다.

그럼에도 부천은 그 매력과 발전상에 상응하는 평가를 받지 못하고 있다. 어떤 때는 서울의 변방으로, 심지어 부천과 부평을 혼동하는 촌극마저 빚어지고 있다.

군이 변명 아닌 변명을 한다면 부천시민들은 너무 겸손한 측면이 있다. 그러나 시민들이 겸손하다고 해서 도시 행정을 책임진 사람들까지 그래서는 곤란하다. 나는 부천시의 공무원들이 더 능동적으로 도시 홍보에 나서기를 바란다. 장점은 널리 소개하고, 적극적으로 자랑해야 한다.

붉은 악마의 고향, 부천FC1995

부천FC1995이하 부천FC는 부천SK가 제주도로 연고지를 옮겨가면서 시민구단으로 재창단한 구단이다. 그러나 실제 역사는 훨씬 오래되었다. 축구단을 운영하던 재벌그룹이 일방적으로 연고지를 바꾸는 바람에 신생구단처럼 오해를 받고 있을 뿐이다.

붉은 악마는 국가대표 축구팀의 공식 응원단이다. 이 붉은 악마는 부천FC의 팬클럽인 헤르메스 응원단에 뿌리를 두고 있다. 부천FC가 알고 보면 전국구 구단인 배경이다. 그렇기 때문에 부천시민들은 부천FC에 대해 각별한 애착과 사랑을 갖고 있다.

부천은 상대적으로 작은 도시이다. 그러니 구단 운영비가 대도시에 자리한 구단들과 비교할 때 많을 수가 없다. 프로의 세계는 돈이 성적과 직결되는 곳이다. 부천FC를 최선을 다해 지원하고는 있지만 아직은 충분하지 못한 게 사실이다.

그러나 언제까지 도시가 작다는 핑계를 댈 것인가. 부천FC가 명문구단으로 도약할 수 있도록 내가 세일즈의 전면에 서겠다. 구단주인 시장이 앞장서야 팬들인 시민들의 더 많은 호응과 참여를 이끌어낼 수 있지 않겠는가.

기업에게 좋은 도시가 스포츠도 강하다

부천은 유수의 스포츠 스타들을 배출해왔다. 먼저 탁구 스타 출신인 유승민 대한체육협회장이 부천에서 초등학교와 중학교를 나왔다. 유회장은 부천시 홍보대사로도 활약한 바 있다. 세계 최고의 축구리그인 잉글랜드 프리미어 리그에서 골잡이로 주가를 올린 황희찬 선수역시 부천 출신이다. 미국 메이저 리그에서 골든 글러브를 수상한 김하성 선수 또한 부천 출신이다. 스포츠에 관련해서라면 부천은 전 세계적인 강소도시라고 할 만하다.

이제는 경제와 문화가 같이 가는 시대이고, 지금은 스포츠가 문화산업의 주역으로 당당하게 자리매김하고 있다. 나는 부천FC1995가 부천의 경제와 문화의 균형 있는 발전을 주도하는 견인차 역할을 해주리라 믿어 왔다. 그리고 드디어 기다리던 기회를 거머쥐었다. 2025시즌 부천FC1995가 정규리그 3위를 기록한 뒤 승강 플레이오프를 뚫고 1부리그 승격을 이뤄낸 것이다.

이는 부천시와 구단, 서포터즈, 시민이 하나 되어 일궈낸 역사적 성취다. 부천FC1995가 더 큰 무대에서 멋지고 당당하게 경쟁할 수 있도록 다양한 방안을 강구하고 있다.

부천의 믿음직한 통합의 구심점, 팔도 향우회

나는 부천이 자랑스럽다. 부천에서는 통합과 화해의 정신이 현실에서 모범적으로 구현되고 있기 때문이다. 부천에는 '팔도 향우회'라는 명칭의 모임이 있다. 가나다 순서로 소개하자면 강원향우회, 영남향우회, 충청향우회, 호남향우회 이 네 곳의 향우회가 공동으로 결성한 연합 향우회이다.

이곳에서는 개별 향우회의 회장과 여성위원장, 사무총장이 팔도 향우회의 지붕 아래 정기적으로 모임을 진행하고 있다. 이와 동시에 1박 2일이나 2박 3일 일정으로 서로의 고향도 방문한다. 부천이 낡은 지역주의 구도를 녹여내는 거대한 화합의 용광로라고 해도 과언이 아니다.

부천시의 향우회가 출신 지역의 벽을 허무는 공감과 소통의 노력에 적극적으로 앞장서고 있다는 사실에 나는 긍지와 자부심을 느끼고 있다.

자랑스러운 그 이름,
호남과 민주당

내 고향 승주와 호남인들의 아픈 역사

나는 전라남도 승주군에서 태어나 자랐다. 행정구역이 바뀌면서 지금은 전라남도 순천시 승주읍이 된 곳이다.

호남은 박정희 정권이 추진한 개발독재 과정에서 정치·경제·문화면에서 철저하게 소외되었다. 박정희 정권이 영남 중심의 산업화를 밀어붙이는 불균등한 발전 전략을 채택한 탓이었다. 그 결과 일자리를 찾지 못한 수많은 호남인들이 눈물을 삼키며 정든 고향을 떠나야만 했다.

김대중 대통령이 집권해 우리나라가 국제통화기금IMF 관리체제를 조기에 성공적으로 벗어난 일을 계기로 호남에 덧씌워져 있던 비뚤어진 편견과 왜곡된 이미지가 많이 불식되었다. 광주민주화운동도 온전하고 정당한 역사적 평가를 받게 되었다. 호남의 헌신과 희생이 대한민국 민주주의의 발전과 성숙에 결정적으로 이바지했음을 다수 국민이 인식하게 되었기 때문이다.

호남인들의 험난했던 민주화 투쟁의 역사는 인권신장을 위한 투쟁의 역사였다. 경제정의의 실현과 사회적 기회균등의 보장을 위한 역사였다. 나는 호남인들이 자신들이 한국 역사에 대해 해왔던 기여와 공헌에 긍지와 자부심을 갖기를 바란다.

화해와 용서의 앞자리에는 호남이 있었다

호남인들은 오랫동안 핍박과 설움의 세월을 보내면서 통합과 단결의 중요성을 배웠다. 서로가 서로에게 힘을 보태고 용기를 불어넣는 일이 얼마나 중요하고 가치 있는 일인지 학습했다.

그럼에도 호남은 배타적이지 않았다. 개방과 포용을 지향해왔다. 호남은 피해자였음에도 불구하고 언제나 먼저 화해의 손길을 내밀었다. 그것이 올바른 일이라고 믿었기 때문이다.

호남은 호남만을 위한 지도자를 선호하지 않았다. 대한민국 전체를 위한 리더를 선택해왔다. 호남인들은 민주주의의 발전과 인권신장을 지역의 이익보다도 우선시했다. 갈등과 대결보다는 화해와 통합을 중시한 김대중 대통령의 노선과 가치는 곧 호남의 정서이자 정신이기도 했다.

김대중 대통령의 삶은 대한민국 민주주의의 역사

김대중 대통령의 삶 자체는 대한민국 민주주의의 역사 그 자체였다. 그는 민주주의의 실현과 인권신장에 평생을 바쳤다. 지방자치의 정착은 김 대통령이 남긴 크나큰 업적들 가운데 하나이다.

김대중 대통령은 그가 겪었던 핍박과 고난에도 불구하고 따뜻한 사랑의 정신을 한시도 잃지 않았다. 김 대통령이 보여준 화해와 용서의 정신 앞에서 나는 늘 경건하게 옷깃을 여미게 된다.

나는 어릴 적에 어머니의 말씀을 듣고 위대한 정치인 김대중의 존재에 대해 눈뜨게 되었다. 어린 소년이었던 내게 김대중은 꿈이고 이상이고 희망이었다. 그러기 때문에 1987년과 1992년 대선에서 그가 뜻을 이루지 못했을 때 나는 마치 내가 선거에서 낙선한 것처럼 마음이 아팠다.

지금도 생생한 1997년 정권교체의 감격과 환희

나는 대학교 1학년 겨울방학 때 고시반인 사마헌에 들어가 있었다. 고시반에 들어가면 숙식이 해결됐다. 더는 형제들 집을 전전할 필요가 없었다. 게다가 학교로부터 장학금도 지급되는 터라 학비 걱정도 덜 수가 있었다. 나는 고시반에서 공부에만 전념했다. 전두환 군사독재 시대가 주는 우울함을 법률을 공부하면서 달랠 수 있었다.

그러나 마음은 길거리에서 투쟁하는 학우들에게 가 있었다. 그런 이유로 1987년 대선 패배의 충격과 슬픔은 감당하기 어려울 정도였다. 1987년의 패배가 워낙 애통해서인지 1992년 대선의 패배는 이를 악물고 견뎠다.

1997년 대선 때 나는 사회생활을 시작한 지 거의 10년이 되어가고 있었다. 야당 정치인 김대중이 대한민국 대통령에 당선되었을 때 느꼈던 벅찬 환희의 감정은 그때부터 30년 가까운 세월이 흐른 지금도 어제 일처럼 생생하다.

김대중 대통령이 없었다면 우리나라가 6·25 전쟁 이래 최대의 국난이라는 외환위기를 극복할 수 있었을까? 나는 그러지 못했을 거라고 생각한다. 준비된 대통령 김대중이 있었기에 우리 국민은 국제통화기금IMF 체제를 조기에 졸업할 수 있다는 희망과 기대감과 자신감을 품을 수 있었다.

위대한 리더는 위기에 빛난다

민주당은 김대중, 노무현, 문재인, 이재명 네 분의 대통령을 탄생시켰다. 민주당이 배출한 대통령들은 어려운 여건을 딛고서 꿈을 이룬 놀라운 입지전의 주인공들이었다. 민주당에는 끝없이 도전하고 혁신하고 변화와 개혁을 추구하는 DNA가 있다. 현실에 편안하게 안주하고 타협하는 일은 민주당 정신이 아니다. 그분들은 시대가 부과한 과제에 용감히 응했다.

김대중 대통령은 국민통합과 경제위기 극복이라는 도전적 과제에 성공적으로 대응했다. 길지 않은 5년의 임기 중에 나라를 부도 사태로부터 구해냈다. 지방자치를 확립하고, 정보통신기술ICT 강국의 기초를 닦았다. 남북한 관계에서도 화해와 협력의 문을 여는 기념비적 족적을 남겼다.

노무현 대통령은 권위주의의 탈피와 시민참여의 확대라는 난제를 진정성 있게 풀기 위해 노력했다. 그는 허위와 가식을 배격하고 권력을 국민에게 돌려주는 과감한 정치실험의 초석을 놓았다.

문재인 대통령은 노무현 대통령이 이루지 못한 꿈들을 계승해 완성하려 했다. 민주당 정치인들은 자신들에게 주어진 시대의 사명을 완수하고자 하는 투철한 소명 의식을 지니고 있었다.

이재명 대통령은 성남시장 시절부터 투철한 책임감을 보여줬다. 맡겨진 역할에 최선을 다해 수행하려는 의지가 어느 누구보다 강렬했다. 그는 자기 자신을 나라와 국민을 위한 도구로 여기는 공적인 책임의식이 철저한 인물이다.

나는 그분들에 견주면 한참 부족하다. 그럼에도 민주당의 피가 내 몸 깊숙이 흐르고 있다는 사실을 발견하고 놀랄 때가 많다. 이를테면 지금 이 시대에 부천시민을 위해서 긴급히 해내야만 할 일들에 집요하게 매달리는 내 모습을 볼 때 그렇다는 생각이 든다.

내가 생각하는 민주당다움이란

시민들에게 도움이 될 정책 앞에서 나는 어떠한 주저함과 망설임도 없다. 그게 바로 내가 생각하는 민주당다움이다.

민주당은 시민들과 함께 발전하고 동고동락하는 정당이다. 시민들의 공감을 얻고자 늘 공부하고 학습하는 정당이다. 그러한 민주당다움에서는 나 또한 예외가 아니라는 자부심이 있다. 모범적인 민주당 당원은 곧 모범적인 자치단체장이기도 하다.

민주당은 시민들의 편에서 자신을 희생해왔다. 그러한 민주당의 유구한 전통과 역사를 나 역시 이어갈 생각이다. 나는 그게 민주당의 정체성을 오롯이 지켜나가는 길이라고 믿는다.

이재명 시대와
부천의 꿈

이재명 대통령과의 잊지 못할 첫 만남

나는 정치인 이재명의 출중함과 무궁무진한 잠재력을 일찍부터 목격했다. 대통령은 2008년 무렵 민주당 성남 분당갑 지역위원장으로 활동했는데 나는 같은 시기에 부천 원미갑 지역위원장으로 있었기 때문이다. 이재명 대통령도 나도 원외 지역위원장이었던 터라 당에서 얼굴을 마주할 일이 자주 있었다.

더욱이 둘 다 현직 변호사였기에 생각이 잘 맞았다. 특히 2010년 지방선거 국면에서는 중앙당의 선거관리위원으로서 민주당의 지방선거 승리를 위한 전략과 대책을 마련하기 위해 함께 활동하기도 했다. 그때 많은 당내 인사들이 이재명 대통령의 성남시장 출마를 강력하게 촉구했었다. 나 또한 이재명 대통령이 성남시장에 출마해야 한다고 권했다. 그는 수도권 지역에서 중요한 승부처 가운데 하나로 꼽히던 성남시장 선거에서 최고의 필승카드였기 때문이다.

성남시장 선거 출마를 앞두고 열린 출판기념회에 참석하고, 성남시장에 취임한 다음에도 여러 차례 만났던 일이 어제 일처럼 선명하게 기억이 난다.

성남시장에 취임할 즈음 시의 상황은 가히 최악이었다. 전임 시장이 예산을 남발한 탓이었다. 이재명 대통령은 성남시장에 취임하자 성남시의 모라토리엄을 과감하게 선언했다. 그리고 불필요한 낭비성 예산의 사용을 엄격히 통제했다. 윤석열 때문에 빚어진 국가적 위기를 극복해가는 지금 모습의 예고편이었던 셈이다. 위기에 강한 정치인 이재명은 지금부터 이미 15년 전에 완성돼 있었다.

나처럼 이재명 대통령을 그의 정치 입문 시기부터 봐온 사람들은 그의 비범한 재능과 빼어난 돌파력을 오래전부터 알고 있었다. 그런 우리조차 새삼스럽게 놀라는 부분이 있다. 이재명 대통령의 소탈함과 한결같음이다.

이재명식 속도감과 타이밍의 미학

야당의 원외 지역위원장 이재명과 대한민국 21대 대통령 이재명 사이의 위상에는 비교하기조차 어려운 간극이 있다. 그러나 이재명 대통령은 신분의 변화를 전혀 의식하지 않는다. 그는 과거나 현재나 벽을 치지 않는다. 권위를 내세우지 않는다. 기탄없이 소통하고, 격의 없이 의견을 주고받는다.

성남시장 이재명은 청년배당 정책을 전격적으로 실시해 청년들에게 기운을 불어넣고 기회의 사다리를 마련해줬다. 대통령 이재명은 민생회복 소비쿠폰을 과감하게 지급해 서민들과 영세자영업자들의 막혀 있는 경제적 숨통을 트여줬다.

그는 언제 어느 자리에서든 한 박자 빠른 판단으로 상황을 주도했다. 타이밍에 걸맞은 신속한 실행으로 정책의 실질적 효율성을 극대화했다. 이러니 국민들이 이재명에게 어찌 감탄하지 않을 수 있겠는가.

비주류가 증명한 가능성

이재명 대통령과 나의 또 한 가지 공통점을 언급하자면 비주류였다는 점이다. 대통령이 성장하고 약진하는 과정을 지켜보며 나는 대리만족을 느꼈다. 이재명은 인맥과 연줄에 의지하지 않았다. 오로지 자신의 순수한 실력과 불굴의 의지로 난관을 극복하고 장애물을 넘어섰다.

그런 이재명이 비주류들에게, 아웃사이더들에게 용기와 영감을 주는 것은 당연한 일이었다. 나는 이재명 대통령이 그려온 도전과 쟁취의 발자취가 꿈과 희망을 잃어가는 우리 사회에 오랫동안 중요하고 의미 있는 비전과 귀감이 될 것으로 믿는다.

길은 저절로 주어지지 않는다. 스스로 만들어가는 것이다. 이재명 대통령은 길이 없는 곳에서는 길을 내었다. 다리가 없는 곳에서는 다리를 놓았다.

우리나라 제도권 정치에는 이런저런 이름으로 불리는 계파들이 엄존해왔다. 계파의 힘을 빌리지 않으면 안정적인 정치적 입지를 구축하기가 쉽지 않았다. 이재명 대통령은 계파에 기대지 않고 한국 정치의 최고봉에 당당하게 올라섰다.

나는 민주당의 미래를 대단히 낙관적으로 바라보고 있다. 이재명 대통령의 등장을 전환점으로 삼아 이제 민주당은 자기 스스로의 힘으로 길을 내려는 사람들이 모인 정당으로 성장했기 때문이다.

낙관과 긍정의 힘

이재명 대통령은 어린 시절 고생을 많이 한 것으로 유명하다. 그는 소년공으로 공장에서 일하던 시절에는 한쪽 팔을 크게 다치기도 했다. 그럼에도 이재명 대통령의 얼굴은 어둡지 않다. 오히려 티 없고 해맑은 얼굴이다.

우리 사회에는 힘들게 성장한 사람들에 대한 부정적 편견이 있다. 겉으로 보이지 않아도 속으로 멍들고 그늘져 있을 것이라는 선입관이 바로 그것이다. 그러한 편견과 선입관을 이재명 대통령은 통쾌하고 유쾌하고 발랄하게 깨뜨렸다.

나도 이재명 대통령처럼 궁핍한 어린 시절을 보냈다. 학교에서 급우들이 조금씩 쌀을 모아 도와주던 시절이 있었는데 그것을 받는 것이 나였다. 그렇지만 나는 가난을 부끄럽게 생각하지 않았다. 다만 조금 불편하고 힘든 점은 있었다. 그래서 가난을 극복하기 위해 열심히 공부했고, 사회에 나와서도 남보다 더 노력했다.

이재명 대통령을 보면 알 수 있다. 그가 낙관과 긍정의 달인임을. 작은 일에도 감사할 줄 아는 사람임을. 물질적으로는 몰라도 정신적으로는 언제나 풍요로운 삶을 살아왔음을. 그런 마음가짐과 몸가짐이 이 땅의 무수한 흙수저들을 반듯한 어른으로 자랄 수 있도록 이끌었다.

돈이 없다고 해서 꿈마저 없는 것은 아니다. 가난한 집안에도 가족 사이의 사랑과 믿음은 충만한 법이다. 나는 우리나라가 경제적 환경이 한 인간의 운명을 결정하는 사회가 되어서는 안 된다고 생각한다. 부모가 가진 재산의 크기가 아이가 가진 꿈의 크기와 비례해서는 안 된다고 생각한다.

당원주권 정당을 완성하다

이재명 대통령은 행정가인 동시에 정치가이다. 민주당 대표이자 당원으로서의 이재명 리더십의 특징은 당원 중심적이라는 점이다. 이재명 대통령이 당대표로 당을 이끌던 시절에 많은 당원들은 자신들이 민주당의 주인임을 실감했다. 당이 당원의 이해와 요구를 대변하는 정당으로 완전하게 거듭났음을 체감할 수 있었다.

과거에는 당이 당원들을 단순히 동원의 대상으로 여기는 경우가 있었다. 유력 정치인들이 자기들의 정치적 성과나 이익을 위해서 당원들을 도구처럼 쓰는 경향이 많았으나 이재명 대통령은 당원들이야말로 당의 중심이고 주인이라는 사실을 명확하게 일러주었다.

그는 당원의 성장이 곧 당의 성장임을 확신해왔다. 당의 성과물이 당원들과 골고루 공유돼야 한다는 소신을 견결하게 지켜왔다. 나는 이재명 대통령이 견지해온 그러한 확신과 소신이 마침내 결실을 맺은 덕분에 네 번째 민주정부가 출범할 수 있었다고 생각한다.

이재명 정부가 성공하려면 이재명 대통령의 가치와 철학과 비전이

풀뿌리 수준에서 착실하게 구현돼야만 한다. 민주당 소속 자치단체장들이 이끄는 지방자치단체의 역할이 막중한 것이다. 그러한 역할의 선두에 부천시가 있을 것이다.

준비된 소통의 달인

지금은 소셜네트워크서비스, 즉 SNS의 시대이다. 온라인에서의 사회적 관계망을 진정성 있게 구축하면 돈과 배경이 없어도 다수의 시민과 상시적이고 입체적인 교류를 할 수 있다. 이재명 대통령은 SNS를 통해 민심과 소통하는 데 달인이었다.

어떤 사람들은 이재명 대통령을 깜짝 스타라고 여기는 모양이다. 그러나 이재명 대통령은 대한민국을 성공적으로 이끌기 위해 오랜 세월 부단히 노력해왔다. 이재명 대통령이 오랫동안 쏟아온 노력을 알게 되면 정치인 이재명의 가치를 온전하게 이해하고 올바르게 평가할 것이다.

그러한 이유로 이재명 대통령은 언제나 나의 우상이고 롤모델이었다. 내가 많은 시민의 믿음과 지지를 받은 데에는 계급장 떼고 하는 SNS 활동이 큰 역할을 해왔다고 감히 자부하고 싶다.

이재명 정부의 성공을 위해선 지방정부가 뛰어야

중앙정부의 정책은 지방정부의 협력을 받을 때 그 효능감이 최대치로 높아질 수 있다. 이를 위해 민주당 소속의 도지사와 시장이, 군수와 구청장이 시민들의 삶의 질을 높이기 위해 대통령과 한마음 한뜻으로 뛰어야 한다.

이재명 정부가 추구하는 가치 사슬의 일선에는 지방 행정의 현장이 있다. 민주당 대통령이 집권하니 사는 맛이 난다는 얘기가 국민들 입에서 자연스럽게 나오도록 하려면 지자체장들이 대통령만 쳐다보고 있어서는 곤란하다. 이재명 대통령이 지향하는 핵심적 가치를 행동으로 공유해야 한다.

"이재명은 합니다"를 "민주당은 합니다"로 승화시킬 책무의 상당 부분은 지방자치를 책임지고 있는 자치단체장들에게 있다. 이재명 시대를 중앙과 지방의 상생과 공존이 이뤄지는 시대로 만들기 위해 부천시는 중추적 역할을 적극적으로 해나갈 것이다.

이재명의 꿈이 곧 부천의 꿈이다

이재명 대통령은 모든 아이들이 큰 꿈을 가질 수 있는 나라를 만들려고 한다. 나는 모든 아이들이 큰 꿈을 가질 수 있는 부천시를 만들려고 한다. 이재명 대통령과 내가 처음 만난 이후 한 사람은 중앙정부의 수장이 되고 또 한 사람은 지방정부의 수장이 되었지만 예전이나 지금이나 늘 같은 곳을 바라보고 있다.

조선일보를 위시한 수구기득권 언론들은 민주당이 부자들을 맹목적으로 적대하는 정당이라는 그릇된 담론을 집요하게 퍼뜨려왔다. 나는 보수 매체의 그와 같은 악의적이고 선동적인 프레임을 단호하게 거부해왔다.

이는 이재명 대통령 또한 마찬가지일 것이다. 이재명 대통령은 자신의 노력과 능력에 힘입어 정당한 방법을 통해 성공한 사람들은 그에 상응하는 사회적 예우와 존중을 받아야 한다는 입장을 견지해왔다. 그러한 이재명 대통령을 한국의 보수세력은 수단방법을 가리지 않고 음해하고 중상모략을 일삼고 있다.

나는 늘 감사하는 마음으로 삶을 살아왔다. 노력 못지않게 운도 좋았기 때문이다. 주변의 배려와 보살핌도 적잖이 받았다. 나는 내가 살아오면서 받았던 은혜와 도움에 보답하기 위해 최선을 다하고 있다. 그러기 위해서는 이재명 정부의 성공을 위해서 나부터 신발끈을 조여매고 뛰어야겠다고 생각한다.

■ PART 2 ■

미래를 여는 기록,
시정 일기

나는 시민의 이익을 위해서라면 절대 타협하지도, 양보하지도 않는 '독한 시장, 집요한 시장'이 되겠다고 다짐했다. 그래서 현장에서 보고 느낀 바를 일기처럼 끊임없이 글로 남겼다. 기록의 힘은 세다. 시민과 함께한 모든 기록이 부천의 꿈을 키우는 밑거름이 될 것이라 믿는다. 이름 붙이자면 '시정 일기'가 적당할 것 같다.

1.
부천시민
여러분께

제23대
부천시장 취임사

존경하고 사랑하는 부천시민 여러분,
민선 8기 제23대 부천시장 조용익입니다.

새로운 부천을 향해 첫걸음을 내딛는 역사적인 자리에 함께해주신
시민 여러분, 내외 귀빈 여러분, 진심으로 감사합니다.

부천시민의 위대한 선택으로 앞으로 4년간의 부천시정을 책임질 영광
스러운 역할을 부여받았습니다.
시민 여러분의 선택에 담긴 책임의 무게를 깊이 새기고 제게 맡겨진 소
명을 충실히 이행하겠습니다.
시민을 섬기고, 시민과 소통하며, 시민과 함께하는 시장이 되겠습니다.

존경하고 사랑하는 부천시민 여러분!

경제가 어렵습니다.

민생이 위기입니다.

원자재 가격 상승에 따른 소비자 물가 폭등과 코로나19 여파로 급증한 가계부채 등으로 서민경제에 경고등이 켜졌습니다.

시민의 먹고사는 문제는 그 어떤 가치보다 중요하고 절실합니다.

민생위기 극복을 시정의 최우선 과제로 삼겠습니다.

가장 먼저, 시장 직속 비상경제대책위원회를 설치하겠습니다.

경제 상황을 상시 점검하고, 선제적 대응을 통해 민생경제 안정화의 컨트롤타워 역할을 하도록 하셨습니다.

경제위기는 가난한 이들에게 가장 먼저 드리우고, 가난할수록 더욱 혹독하게 몰아칩니다.

취약계층에 대한 긴급 지원을 강화하고, 마을 단위의 촘촘한 거버넌스를 구축해 누구도 소외됨이 없도록 각별히 챙기겠습니다.

코로나19 팬데믹의 여파로 지역경제의 근간인 중소상인과 자영업자의 고통이 이루 말할 수 없습니다.

우리 시 지역화폐인 부천페이를 더욱 활성화시키고, 전통시장과 지역상권의 특색을 반영한 권역별 상권 르네상스 프로젝트를 추진하겠습니다.

조용익 부천시장

제23대 조용익 부천시장 취임식

부천시 제23대 조용익 부천시장 취임식

다시 뛰는 부천
시민과 함께

소상공인 저금리 희망대출을 즉시 시행하여 어깨 펴고 당당하게 사업할 수 있도록 든든한 버팀목이 되어 드리겠습니다.

무엇보다 좋은 일자리를 많이 만드는 것이 최고의 복지이자, 최선의 해결책입니다.
기업에 대한 혁신적인 지원을 통해 친환경 첨단기업과 연구개발 단지를 유치하여 양질의 일자리를 많이 만들어 내겠습니다.

특히 대장신도시, 상동 영상문화단지, 4중 역세권이 될 종합운동장역 등 3대 거점은 부천의 마지막 남은 기회의 땅입니다.
이 세 곳을 트라이앵글 산업 벨드로 조성해 글로벌기입, 유니콘기입, 각 분야의 선도기업을 유치하겠습니다.

또한 사통팔달 지하철 시대를 차질 없이 완성하여 서울역, 강남, 홍대, 김포공항, 일산까지 어디든 빠르게 오갈 수 있는 서부수도권 교통 요충지로 만들겠습니다.
부천을 산업과 환경, 교통과 일자리가 조화롭게 성장하는 자족도시로 새롭게 도약시키겠습니다.

존경하고 사랑하는 부천시민 여러분!

우리 부천은 1988년 경기도 최초로 행정구를 설치한 도시였습니다.

경기도, 나아가 대한민국을 대표하는 도시였습니다.

그러나 불과 30여 년이 지난 지금, 우리 시와 어깨를 나란히 하던 수원, 고양, 용인 등이 특례시가 되는 동안 우리 부천시는 지속적인 선도기업의 유출과 인구 감소 등으로 도시경쟁력이 약화돼 왔습니다.

기업이 빠져나간 자리에는 단기 수익을 얻기 위한 주거시설이 무질서하게 들어서 도시균형을 무너뜨리고 베드타운화를 심화시켰습니다. 한때 87만 명에 달하던 인구도 지속적으로 감소하여 이제 80만 명을 유지하는 것조차 위태로운 지경입니다.

대전환을 통해 다시 뛰는 부천을 만들어야 합니다.
도시 비전을 명확히 설정하고, 창의성을 발휘해 도시를 새롭게 설계하여 도시 역량을 최대로 끌어올려야 합니다.

그 중심에는 시민이 있습니다.
오직 시민을 중심에 두고, 시민 최우선의 시정을 펼쳐나가겠습니다.

존경하고 사랑하는 부천시민 여러분!

시장은 시민 위에 군림하는 자리가 아닙니다.
주권자인 시민의 권한을 위임받은 대리인입니다.

시민과 일상적 소통이 가능하고, 언제든 편하게 시장실을 찾을 수 있도록 문턱을 낮추고 접근성을 높이겠습니다.

늘 현장을 찾는 시장이 되겠습니다.

현장에서 시민의 목소리를 듣고, 현장에서 시민과 함께 답을 찾음으로써 '함께 가는 것이 멀리 가는 것'이라는 지방자치의 근본 철학을 실천하겠습니다.

시장 한 사람의 역량이 아닌 80만 부천시민의 창의와 열정을 담아내 부천의 현안 과제를 하나하나 해결하겠습니다.

작은 것도 세심하게 챙기는 시장이 되겠습니다.

국가 단위에서 생각하지 못하는 작지만 참신하고 확실한 시도들이 우리 부천에서 먼저 시작되도록 하겠습니다.

법과 규정을 따지기 이전에 "어떻게 하면 시민들께 도움이 될까"를 먼저 고민하고 해결방안을 찾도록 공직사회의 분위기를 바꿔나가겠습니다.

존경하고 사랑하는 부천시민 여러분,
그리고 내외 귀빈 여러분.

이제는 실천의 시간입니다.

사람이 바뀌면 생각이 달라지고, 생각이 달라지면 도시가 달라집니다.

부천의 새로운 변화를 염원하는 시민의 뜻에 따라 부천의 100년 미래를 설계하여 부천을 수도권 선도도시, 대한민국 혁신 1번지로 만들겠습니다.

일자리가 많고, 소외된 이웃이 없으며, 아이 키우기 좋고, 교육여건이 우수한, 그리고 문화가 일상이 되는 안전하고 쾌적한 문화특별시 부천을 만들겠습니다.

언제나 시민을 섬기며, 시민과 함께 나란히 손을 잡고, 부천 도약을 기필코 이루겠습니다.
출범할 때보다 4년 뒤에 더 좋은 평가를 받을 수 있도록 열심히 일하겠습니다.

다시 뛰는 부천!
이 담대한 여정을 위대한 부천시민과 함께 만들어가겠습니다.
감사합니다.

2022.7.1.

옥길동 별빛마루도서관

옥길동에 크고 멋진 별빛마루도서관이 개관했다. 엄숙한 도서관이 아니라 자유롭게 책을 읽고 뛰어 놀 수 있으며, 시민들께서 일상에서 자주 찾는 문화공간으로 만들어가려 한다.

목일신 놀이터, 별빛공방, 공유부엌, 미디어창작소 등 다양한 체험 공간도 갖추고 있으니 자주 이용해주셨으면 좋겠다. 개관에 그치지 않고, 매년 좋은 책을 채워가는 데에도 마음을 쓰겠다. 별빛마루도서관에서 시민들께서 휴식을 즐기고, 우리 아이들이 빛나는 꿈을 키워가길 바란다. ··· 2022.7.7.

고강동 수주도서관

고강동 수주도서관이 문을 열었다. 고강권역에도 드디어 시립도서관이 생긴 것이다. 수주는 '나무고을'이란 고강동의 옛 지명이자 부천을 대표하는 수주 변영로 작가의 호와 같은 이름이다.

부천은 영국 에든버러, 아일랜드 더블린, 체코 프라하 등 세계적 문화도시와 어깨를 나란히 하는 유네스코 문학창의도시. 수주도서관 개관으로 고강권역에 문학과 문화의 씨앗을 더 많이 뿌릴 수 있게 됐다. ··· 2022.7.11.

원도심 주차장 175면 확충

부천시민이 겪는 고질적인 불편 중 하나가 주차 스트레스다. 특히 원도심은 주차 공간이 부족해 이중주차, 불법주차로 통행에 어려움을 겪기도 한다. 이 같은 문제를 한 걸음씩 해소하는 데에 도움이 되도록 원도심 주차장 175면을 확충했다.

수주공영주차장은 기존 야외에 있던 41면 규모의 주차장을 2층으로 조성해 85면으로 늘렸고, 오정동139-54번지과 작동69-10번지에는 거주자 주차장으로 90면을 확충했다. 주차장 한 면을 확보하는 데에 약 7천만 원이 소요된다고 한다. 이번에 오정동과 작동에 조성한 주차장은 유휴공간을 활용해 예산을 62억 원 절감하는 효과를 누렸다. 주차 공간을 계속해서 확보해 시민들의 불편을 해소하도록 최선을 다하겠다. ··· 2022.7.26.

새로운 랜드마크, 부천아트센터

부천의 새로운 랜드마크가 될 '부천아트센터'가 준공을 마치고 2023년 5월 정식 개관한다. 1,445석의 콘서트홀과 304석의 소공연장, 갤러리 공간으로 구성되며, 지자체 공연장 최초로 파이프오르간도 설치했다.

세계적인 건축음향 전문가들이 참여한, 국내 최고 수준의 음향을 자랑하는 클래식 전용홀로 자리매김해 문화도시 부천의 품격을 한껏 올려줄 것이라 믿는다. 음악으로 희망과 감동을 선사하는 문화도시의 상징으로 잘 가꿔가도록 하겠다. … 2022.10.11.

고강다목적체육센터

고강다목적체육센터가 문을 열었다. 부천시 최초로 실내 게이트볼장과 다목적 체육시설이 갖춰진 곳이다. 고강동은 그동안 체육·문화공간이 없어 주민들께서 여가활동을 누리시기에 제약이 많았던 곳이다. 늘 마음이 쓰였던 부분이 해소된 것 같아 뿌듯했다. … 2023.3.20.

부천호수식물원 수피아 첫돌

부천시민의 많은 관심과 사랑을 받아온 수피아가 개원 1주년을 맞았다. 약 430종, 총 28,000그루의 다양한 나무들로 가득한 수피아는 2022년 6월 2일 문을 열었고, 지금까지 약 18만 명이 넘는 방문객께서 찾아주셨다.

공원은 사회의 모든 구성원이 함께할 수 있는 열린 공간이다. 특히 팬데믹 상황으로 인해 일상생활에 제약이 많았던 시기에 답답한 마음을 달래주고 우리에게 치유와 위로를 전해준 고마운 녹색 공간이다.

부천시에는 현재 상동호수공원을 포함해 총 202개의 공원이 있다. 각각의 시기와 특성에 맞춰 공원에서 다채로운 시민참여 프로그램이 운영되고 있다. 시민들께서 도심 속 공원과 녹색 공간을 제대로 누리실 수 있도록 마음과 정성을 기울이겠다. … 2023.6.2.

취임 1년 기자회견을 통해
미래 비전을 밝히다

취임 이후 지난 1년간 이룬 성과와 미래 비전인 '공간복지·경제도약'
을 밝히는 기자회견을 가졌다. '공간복시·경제도약'은 취임 일성으로
강조했던 '시민소통'을 통해 그간 수렴한 시민의 요구와 바람을 종합
한 결과다.

부천시는 2022년 11월, 부천시민을 대상으로 시민의식 조사를 진행
했다. 그 결과 부천시정이 앞으로 중점을 두어야 할 분야로 '재건축·
노후지역 재정비'29.9%와 '일자리 창출·경제 활성화'23.9%가 각각 1위,
2위로 꼽혔다.

시민의 생각과 여론을 수용해 정책을 수립하고 도시의 미래를 만들
어가고자 한다. 시민이 체감할 수 있는 정책성과를 이뤄내 민선 8기
부천시정을 결과로써 증명하겠다는 다짐을 했다.

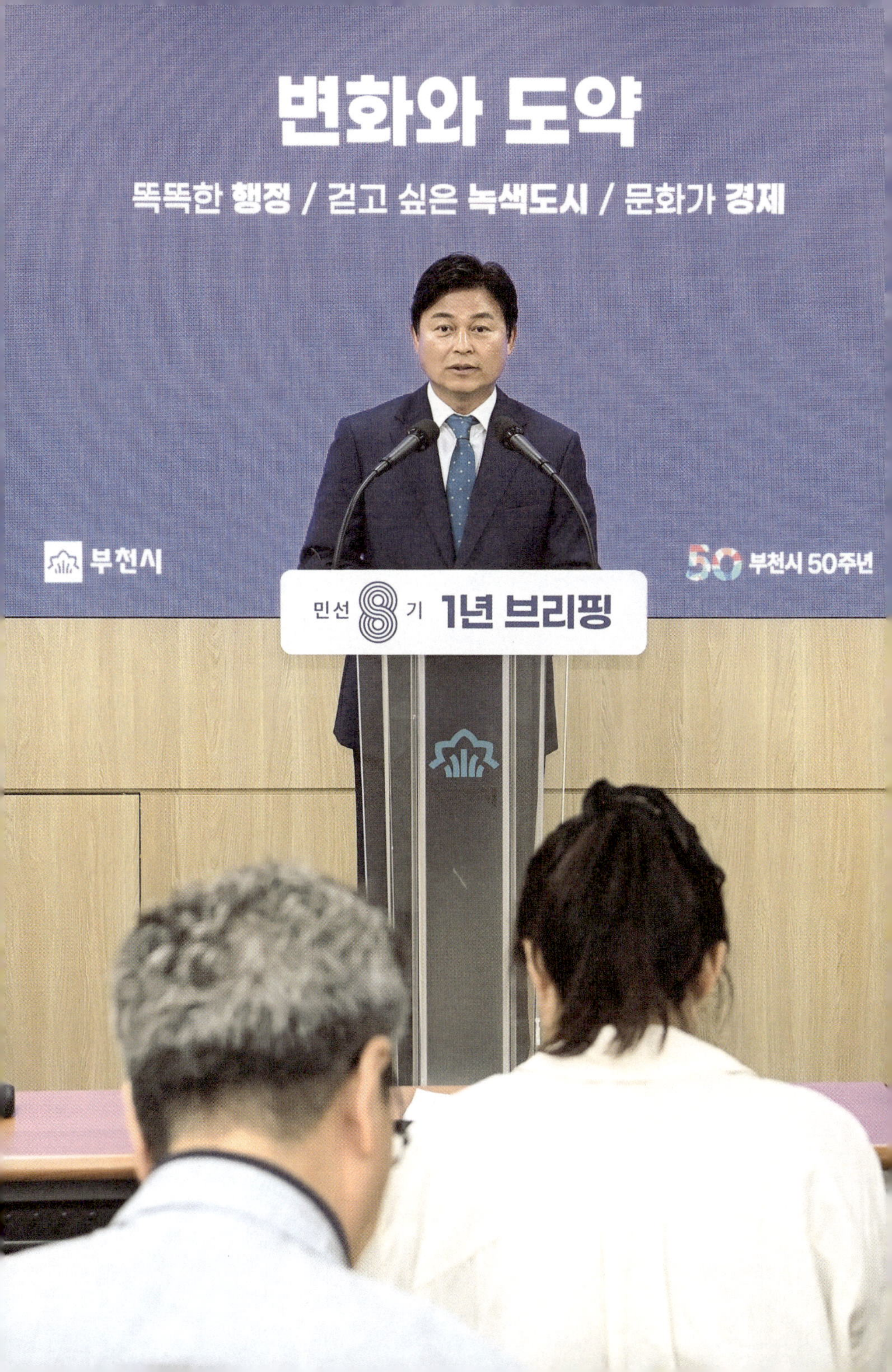
변화와 도약
똑똑한 행정 / 걷고 싶은 녹색도시 / 문화가 경제
부천시
부천시 50주년
민선 8기 1년 브리핑

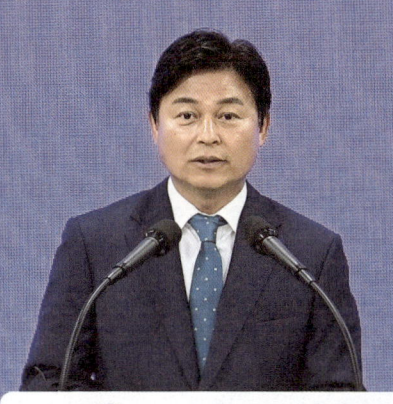

무엇 하나 중요하지 않은 분야와 정책이 없지만, 우선은 '공간복지·경제도약'을 큰 뿌리로 삼아 열매를 맺겠다. 시민의 삶을 직접 개선한다는 책임 있는 자세로 실질적 성과를 이뤄내겠다. 오직 시민만 바라보며 단단하고 경쟁력 있는 부천을 만들겠다.

2023.6.14.

서해선 소사~대곡선 개통

오랜 기다림 끝에 서해선 소사~대곡선이 개통했다. 소사~대곡선 개통으로 김포공항을 빠르게 바로 가고, 고양을 더 편리하게 오갈 수 있게 됐다. 특히 오정 지하철 시대가 열린 점이 참으로 뜻 깊다.

개통 첫날, 소사~대곡선 첫차에 몸을 실었다. 새벽 열차임에도 많은 시민께서 이용해주셨고, 이 특별한 탑승을 함께 기념하고 축하했다. 오정 군부대 일원 도시개발사업과 부천 대장 신도시 조성, 대장~홍대선 광역철도사업까지 더해지면 오정권역의 획기적인 변화와 발전을 이룰 수 있을 것이다. ··· 2023.7.1.

K-웹툰의 전초기지, 웹툰융합센터 준공

글로벌 웹툰 시장을 주도할 K-웹툰의 전초기지, 웹툰융합센터가 준공됐다. 창작자의 꿈과 역량, 웹툰기업의 도전과 성장이 모두 이곳에서 키워지고 이뤄지길 희망한다. 대한민국과 부천의 미래 먹거리가 될 웹툰산업의 요람이 될 수 있도록 정성을 쏟겠다. ··· 2023.9.22.

역곡밝은도서관

지역주민들의 염원이었던 역곡밝은도서관이 개관했다. 공공도서관은 지식의 보고이자 문화공간이다. 역곡밝은도서관 역시 지식을 나누고 역량을 키우는 장소로 지역사회의 발전에 기여할 것이다.

부천시는 시민들이 더 쉽고 편하게 도서관 서비스를 이용할 수 있도록 다양한 노력을 기울여왔다. 앞으로도 시민들께서 걸어서 10분 이내에 도서관 서비스를 이용할 수 있도록 심곡도서관 리모델링, 대장신도시 및 오정군부대 이전부지 등에 도서관 시설을 확충해 나가려 한다. ··· 2023.8.30.

부천역 남부 에스컬레이터 설치사업 준공식

부천역 남측 10번과 12번 출구에 에스컬레이터를 새롭게 설치하고, 12번 출구 앞 횡단보도를 신설해 보행환경을 개선했다. 부천시민께서 조금 더 편하게 다니실 수

있게 돼 뿌듯하다.

부천시는 원도심 노후보도 집중 정비, 무장애 거리 조성, 통학로 정비 등 걷기 좋은 도시 만들기에 힘쓰고 있다. 앞으로도 시민들께서 불편을 느끼는 부분들을 보다 세심히 살피고 고민하며 개선해 나가겠다. ⋯ 2023.10.12.

첨단 자족도시 부천의 성장엔진 증설

세계 2위 전기차용 전력반도체 기업인 온세미컨덕터가 국내 생산거점인 부천 온세미코리아 공장을 증설하고 준공식을 가졌다. 온세미컨덕터는 2025년까지 부천공장에 1조 4천억 원을 투자할 계획이다.

이번 공장증설과 대규모 투자는 우리 부천시가 산업통상부·경기도의 참여를 이끌어 외국인직접투자에 따른 지원계약을 체결하고, 기업유치 촉진 조례를 제정하는 등 행정·제도적으로 노력한 결과다. 우리나라 반도체산업의 역사는 부천 도당동에서 시작됐다. 또 한 번의 도약을 이룰 수 있도록 미래를 준비해 나가겠다. ⋯ 2023.10.24.

도심 속 쉼터, 부천중앙공원 물놀이장 개장

시원한 물줄기로 더위를 식혀줄 부천시 공원 물놀이장이 문을 열었다. 부천시 물놀이장은 △부천중앙공원 △원미공원 △소사대공원 △오정대공원 △수주공원 △도당공원 △남부수자원생태공원 등 7곳에 마련되었다.

부천중앙공원을 찾아 물놀이장 내 청결·안전 상황을 직접 챙기고, 물놀이장을 찾은 시민들의 웃음을 보며 나 또한 잠시 여유를 누렸다. 시민의 행복과 여가를 책임지는 도심 속 쉼터! 청결과 안전은 기본! ⋯ 2024.6.1.

제28회 부천국제판타스틱영화제

꿈과 환상의 영화 축제, 제28회 부천국제판타스틱영화제(BIFAN)가 개막했다. 부천시 일대에서 253편의 영화가 상영되는 것과 함께 배우 손예진 특별전, AI 국제콘퍼런스와 더불어 시민참여 축제인 '7월의 카니발', 환경을 주제로 한 확장현실XR

전시 등 다채로운 행사가 펼쳐졌다.

이번 영화제 개막식은 처음으로 부천아트센터에서 열렸다. 박중훈, 손예진 배우를 비롯해 많은 영화인이 부천아트센터 안팎에 마련된 레드카펫 위를 걸으며 영화제의 품격을 더욱 높였다. 특히 제28회 부천국제판타스틱영화제에서는 우리나라 국제영화제 최초로 생성형 AI로 제작한 영화만을 다루는 공식 국제경쟁 부문 '부천 초이스: AI 영화'를 도입했다. AI를 활용해 콘텐츠의 저변을 넓히고, 자본의 제약을 넘어 새로운 창작의 길을 만드는 시도는 아시아 최대 장르 영화제인 BIFAN이 지닌 예술적 도전 정신과 진취적 자세를 잘 보여주었다.

또한 '찾아가는 영화관', '한여름밤의 시네 페스타'를 통해 무료영화상영도 진행했다. 부천에서 열리는 한여름의 시네마 천국! 부천국제판타스틱영화제는 매해 여름마다 전 세계 영화팬들의 방문과 참여를 기다릴 것이다. ···2024.7.4.

제9대 부천시의회
후반기 개원을 축하하며

제9대 부천시의회 후반기 개원을 축하드립니다.

후반기 의장단에 선출되신 김병전 의장님과 이학환 부의장님의 탁월한 리더십을 기대합니다.

전반기 의정을 훌륭히 이끄신 최성운 전 의장님과 안효식 전 부의장님의 노고에 감사의 마음을 전합니다.

부천시는 부천시의회가 후반기에도 언제나처럼 소통으로 하나 되고, 시민과 함께하는 의회가 될 것으로 믿습니다.

부천시의회는 시급한 민생현안이 있을 때마다 협치의 정신을 발휘했습니다.

2022년 11월 부천시민의 염원을 담아 '부천시 구 복원 및 일반동 전환 승인 촉구 결의안'을 공동발의·채택해 집행부에 힘을 보탰습니다.

또한 겨울철 난방비 폭등으로 취약계층의 부담이 가중되자 긴급 난방비 지원조례 제정을 위한 원포인트 임시회를 개최하고 신속히 의결해 민생을 꼼꼼하게 챙겼습니다.

부천시청과 부천시의회가 시정의 동반자로서 앞으로도 마음과 힘을 합쳐 시민의 삶의 질 향상과 지속가능한 자족도시로의 도약을 함께 이뤄내길 소망합니다.

2024.7.18.

시정연구원 설립 조례안 본회의 통과

부천은 현재 재정자립도 악화, 인구 감소 등 엄중한 상황에 놓여 있다. 아울러 부천 대장 도시첨단산업단지, 부천종합운동장 일원 개발, 신도시·원도심 재정비 등 도시 의 대전환을 향해 박차를 가해야 하는 시점에 있다. 이런 가운데 '시정연구원 설립 및 운영 조례안'이 시의회 본회의를 통과했다.

시정연구원이 이러한 과제를 극복하는 쇄빙선이자 돌파구가 되도록 잘 준비하겠 다. 시정연구원을 통해 부천시가 그간 추진했던 경제·문화·행정 정책 등을 심층적 으로 평가·진단하고, 이를 고도화하기 위한 전략 수립을 신속하고 효과적으로 도 모하겠다. 장기적 관점으로 한층 깊게 연구하고 지식과 자료를 축적해 실질적 미래 발전안을 수립하겠다. 시정연구원이 부천의 싱크탱크로서 도시의 대전환을 성공 적으로 이끌 수 있기를 바란다. ··· 2024.9.11.

어린이공원에 핀 노란무지개

부천시는 내동어린이공원, 새터어린이공원, 상동어린이공원 등 어린이공원 3곳의 출입구 9곳에 어린이 보행안전시설인 '노란무지개'를 시범 설치했다. 앞서 이면도 로 내 어린이 보행사고 예방을 위해 운전자의 시인성 확보 방안을 적극적으로 발 굴했고, 이에 전국 최초로 국민 아이디어 공모전 수상작인 '노란무지개'를 어린이 공원 출입구에 도입한 것이다.

이와 더불어 어린이공원 출입구에 주정차한 차량이 어린이 교통사고 사각지대가 되는 것을 막고자 부천원미경찰서·부천오정경찰서와 협력해 어린이공원 출입구 주변을 주정차 금지구역으로 지정했다. 부천시는 아동친화도시로서 어린이가 365 일 언제나 안전한 도시를 만드는 일에 최선을 다하겠다. ··· 2024.9.19.

부천시 제1호 수소충전소

그동안 부천에는 수소충전소가 없어서 수소차를 이용하는 시민들께서 연료 충전 을 위해 서울·인천 등 인근 도시로 이동해야 하는 불편이 있었다. 그런데 드디어 '부천시 제1호 수소충전소' 부천 춘의 수소충전소가 운영을 시작했다.

이번 수소충전소 설치로 시민의 수소차 이용 편의를 증진하고, 나아가 친환경 수소차 보급 활성화에도 보탬이 될 것으로 기대된다. 부천시는 수소차 보급 활성화 및 대중화를 위한 노력을 이어가 온실가스·미세먼지 저감에 앞장서는 '지속가능한 탄소중립 도시'로 업그레이드하겠다. ··· 2024.10.18.

원종동 한국마사회 건물, 복합문화시설로 변모

옛 원종동 한국마사회 부천 장외발매소일명 화상경마장가 시민을 위한 복합문화시설로 탈바꿈한다. 원종동 복합문화시설 조성사업은 지난 2020년 12월 경마장 폐쇄 후 2021년부터 본격 추진됐다. 그간 많은 분이 힘써주신 덕분에 마침내 착공식을 거행하게 됐다.

이 사업이 원활히 추진될 수 있도록 힘껏 애써주신 서영석 국회의원님과 박상현 경기도의원님께 감사패를 전했다. 5층 청년공간을 시작으로 시민께 사랑받는 지역 커뮤니티이자 문화 인프라로 착실하게 조성해 나가겠다. 다양한 프로그램을 개발·운영해 지역 특성을 반영한 차별화된 복합문화 공간이 되도록 함께 노력하겠다. ··· 2024.10.28.

2025년을 부천의 활력과 경쟁력을 높이는 해로 만들자

2025년도 예산안은 '재정 효율화와 민생안정, 확실한 미래 준비' 기조 아래 약 2조 4378억 원 규모로 편성했다. 시의회 본회의 시정연설을 통해 2025년도 예산안 기조와 시정 운영 방향을 시민들께 설명드렸다.

2025년 시정 운영의 세 가지 키워드는 '매력, 활력, 경쟁력'이다. 부천시는 도시의 매력과 경제 활력을 더하고 미래 경쟁력을 확보해 부천시민의 자긍심과 행복지수를 한층 높여나갈 것이다.

여름꽃 테마공원, 야간경관 사업, 스케이트장 조성 등을 새롭게 추진해 낮과 밤이 모두 빛나는 도시, 사계절 즐길 거리와 볼거리가 가득한 매력도시 부천을 만들겠다.

부천 대장 도시첨단산업단지를 첨단산업 및 연구개발R&D 중심단지로 조성할 수 있도록 차질 없이 추진하고, 2026년 상반기에 문을 열 예정인 R&D종합센터가 창업과 혁신의 공간이 되도록 세밀히 준비하겠다. 또한 기업 유치, 소상공인 지원, 중소기업 육성 등을 통해 지역경제에 활력을 불어넣겠다.

과학고, 시정연구원 설립 등 미래를 위한 과감하고 전략적인 투자를 통해 부천이 경쟁력 있는 도시로 성장해나갈 수 있도록 하겠다. 이와 더불어 원도심과 신도시의 균형발전과 도시공간 재편, 주차 편의 확대, 탄소중립 녹색성장, 인구 문제 대응, 사회적 약자 돌봄 등에도 각별히 신경을 기울이겠다.

경기침체의 장기화, 고물가·고환율로 지역경제와 서민의 민생이 어렵다. 중앙정부는 지난해인 2024년의 약 56조 4천억 원에 이어 올해 약 29조 6천억 원이 결손될 것으로 전망하고 있다. 중앙정부의 세수 결손은 지방재정의 중요한 축인 교부세 감소 등으로 이어져 부천시는 마른 수건도 쥐어짜야 하는 실정이다.

시정의 동반자인 시의회와의 면밀한 협의를 토대로 이 같은 위기를 이겨내고 더 나은 내일을 향해 전진하겠다. 시민의 자부심을 높이는 자랑스러운 부천시가 될 수 있도록 끊임없이 노력하겠다.

2024.11.20.

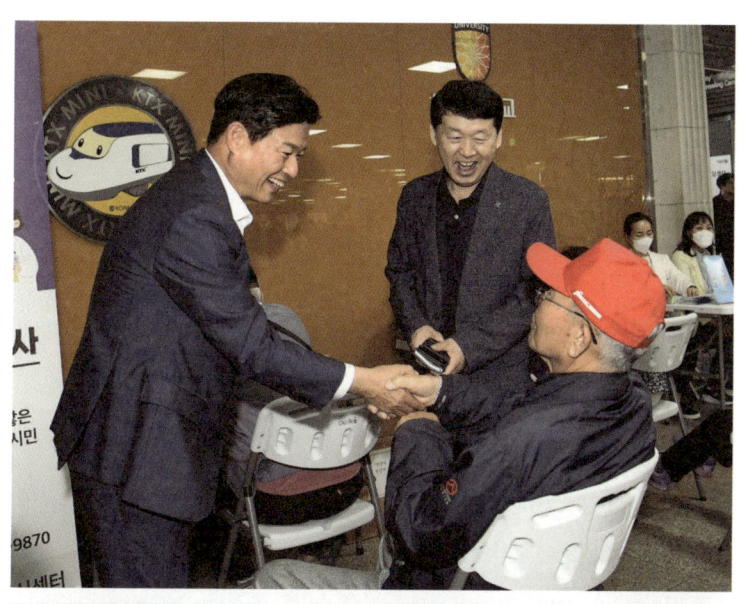

원미구와 오정구 시민들께 드린 시정보고

2025 시정보고회 '출발부천'을 통해 원미구와 오정구에서 시민들을 뵙고, 앞으로 펼칠 전반적인 시정계획과 비전을 설명했다. △부천 대장 도시첨단산업단지 조성 △GTX-B, 대장-홍대선 착공 △미래형·친환경 주거단지 조성 △자연친화형 맨발길 확충 △부천루미나래 개장 등 5대 핵심 사업을 밝혔다. 부천의 새로운 변화, 기분 좋은 변화를 함께 만들어가겠다고 약속했다.

무엇보다 다양한 주제를 넘나드는 자유로운 소통으로 생각과 견해를 나누는 뜻 깊은 시간을 가졌다. 시민들의 애정 어린 말씀과 현안을 꼼꼼히 살펴 더 나은 시정을 위한 밑거름으로 삼겠다. ··· 2025.2.4.

심곡 시민의강 제3공영주차장 조성

뉴대성병원 옆 심곡 시민의강 제3공영주차장_{원미구 심곡동 110-9} 조성을 완료했다. 조성된 주차장은 원도심 주차환경 개선에 큰 도움이 될 것으로 기대되고 있다. 부천시는 시민들께서 체감하시는 실질적 변화와 도시의 균형발전을 이루는 정책들을 계속해서 적극 추진해 나가겠다. ··· 2025.2.7.

제1회 부천시 장애인 인권문화제 '모두가 꽃, 달라도 같이'

제1회 부천시 장애인 인권문화제 '모두가 꽃, 달라도 같이'에 함께했다. 의미 있는 행사를 마련해주신 부천시장애인인권센터와 부천시장애인단체총연합회, 부천의 장애인단체·시설 관계자들께 깊이 감사드린다.

이번 행사를 통해 장애인이 직접 만든 예술 작품들과 생산품을 둘러보며, 장애인의 자유로운 활동과 권리·자립의 가치를 되돌아보는 시간을 가졌다. 문화제에서는 인권 주제 강좌와 장애인 인권 관련 영화 상영도 진행되었다. 부천시는 차별 없고 평등한 대동세상을 만들 수 있도록 최선을 다하겠다. ··· 2025.3.5.

경기도 최초 '신중년 노후준비지원센터' 개원

경기도 최초 신중년 노후준비지원센터가 부천에 문을 열었다. 복사골문화센터 3층

에 둥지를 튼 '부천시 신중년 노후준비지원센터'는 국민연금공단 등 부천의 여러 민관 기관들과의 협업을 토대로 '신중년 통합지원 플랫폼' 역할을 수행할 예정이다. 신중년 시민들께서는 이곳에서 전문적 노후 상담을 통해 노후 준비 4대 분야건강·여가·재무·대인관계를 비롯해 구직 및 사회활동 참여 등 다양한 측면에서 도움을 받으실 수 있다. 부천시는 시민들께서 신중년 시기를 힘차게 맞이하고 행복한 삶의 후반전을 누리실 수 있도록 힘껏 뒷받침하겠다. ··· 2025.4.10.

시민의 건강 증진을 위해 건강상담센터가 문을 열다

부천시 건강상담센터를 지하철 1호선 부천역 역사에 개소했다. 유동 인구가 많고 접근성이 좋아 보다 많은 시민이 편리하게 건강서비스를 누릴 것으로 기대한다. 시민들께서는 부천시 건강상담센터에서 혈압·혈당·체성분을 측정하면 대사증후군과 만성질환을 예방할 수 있다. 치매조기검진을 통해 치매에 걸릴 위험성을 줄일 수 있다. 부천시 건강상담센터는 흡연지의 금연 상담과 금연보조제 지원 등 맞춤형 금연 지원 서비스를 제공하고, 3개 구 보건소 담당자와 건강 상담이 가능하도록 시스템을 구축했다. 시민이 행복한 건강도시 부천, 일상에서 체감하실 수 있도록 더욱더 애쓰겠다. ··· 2024.5.17.

송내국민체육센터 공식 개관

송내국민체육센터 개관식이 개최됐다. 송내국민체육센터가 시민 한 분, 한 분의 행복한 여가와 건강 증진에 큰 도움이 됐으면 한다. 주민 간 소통과 교류가 이뤄지는 만남의 공간으로도 널리 쓰이길 바란다. 체육센터 주차장 222면을 통해 주변 교통 문제를 해소하고, 지역 상권 활성화에도 도움이 될 것으로 기대되고 있다. 아울러 송내동에 들어설 부천과학고를 토대로 부천시가 첨단과학 교육도시로 거듭나도록 계속 힘쓰겠다. ··· 2025.6.13.

오정을 젊고 새롭게, 오정청년공간

오정청년공간이 문을 열었다. 과거 한국마사회 부천장외발매소가 있던 곳이 청년을 위한 복합문화공간으로 탈바꿈했다. 원종역과 가까워 접근성이 좋은 만큼, 많은 청년들이 찾을 수 있도록 다채로운 프로그램 개발과 커뮤니티 구축에 더욱 힘쓰도록 하겠다.

그리고 오정대공원 주차장 334면을 새롭게 정비했다. 주차면이 늘어나고 스마트 관제 및 무인정산 시스템을 갖추는 등 시민들께서 보다 만족스럽게 공원을 이용하실 수 있도록 환경개선을 이뤘다. ···2025.6.17.

부천시장 취임 3년의
다짐과 포부

민선 8기 부천시가 3년을 맞았다. 나는 취임 3주년 기자회견에서 부천의 가치와 경쟁력을 크게 높이기 위한 '부천 3.4.5 프로젝트'를 시민들께 말씀드렸다.

△3중 역세권 소사역 △4중 역세권 대장역 △5중 역세권 부천종합운동장역을 각각의 개별이 아닌 도시 차원의 거시적 관점으로 바라보고, 관련 사업을 구상·추진하고자 한다.

부천 KTX 시대를 여는 소사역 3중 역세권을 조성하겠다. 기존의 경인선과 서해선에 더해 KTX-이음열차가 소사역에 정차할 수 있도록 정부·국회·관계 기관과 긴밀히 협력하겠다. 그리고 경인선 지하화를 단계적으로 추진하고, 지상부지는 통합 개발해 철도 주변 원도심 지역을 새롭게 탈바꿈시키겠다.

아울러 대장~홍대선, GTX-D·y분기, GTX-E 등 4중 역세권이 될 대장역을 미래 변화를 선도할 첨단산업 연구단지, 새로운 기회 창출의 공간으로 만들겠다.

도심항공교통UAM 산업의 세계 시장 규모가 오는 2030년 약 85조 원 수준에 달할 것으로 전망되고 있다. 대한항공과 부천 대장 도시첨단산업단지에 조성하는 약 1조 2천억 원 규모의 UAM 미래모빌리티 연구기지는 부천이 더 높이 날아오르는 도약대로 자리매김할 것이다.

7호선과 서해선, GTX-B·D·F 노선 등 5중 역세권 부천종합운동장역을 도시의 매력과 활력을 책임지는 도시혁신구역으로 조성될 것이다.

도시혁신구역은 '한국형 화이트존'이라 불리며, 국토교통부로부터 지정되면 토지의 용도와 밀도를 부천시가 자유롭게 계획할 수 있다. 싱가포르의 랜드마크인 '마리나베이샌즈'가 이 같은 화이트존 지정을 통해 만들어졌다. 내년 상반기까지 특화계획을 수립하고, 이어서 도시혁신구역 지정을 적극 추진할 계획이다.

원미·소사·오정이 고르게 성장하고 균형 잡힌 발전을 이루는 것이 이 프로젝트의 핵심이다. 이를 원활히 추진할 수 있도록 이재명 정부와 적극적으로 소통하고 협력하겠다. 국민의 기본적 삶을 보장한다는 이재명 대통령님의 국정 기조에 앞장서서 함께하겠다.

교육·복지·돌봄 등 '부천형 기본사회'를 한층 탄탄히 갖추려면 관련 정책을 더욱 꼼꼼히 점검하고 추진해야 한다. 이재명 대통령께서 취임하신 지 한 달도 채 되지 않았지만, 정치·경제·외교·국방 등 국정의 전 분야가 빠르게 정상궤도를 찾아가고 있다. 이 같은 긍정적 변화에 발맞춰 부천시도 시민의 삶 속으로 더 깊이 들어가겠다.

나는 시민의 이익을 위해서라면 절대 타협하지도 양보하지도 않는, 현장에서 치열하게 민생을 살피는 '독한 시장, 집요한 시장'이 되겠다. 언제나 시민과 함께하는 부천시장이 되겠다.

2025.6.23.

제29회 부천국제판타스틱영화제 개막

한여름 환상의 영화 축제, 제29회 부천국제판타스틱영화제BIFAN가 2025년 7월 3일 공식 개막했다. 올해 영화제는 한국 영화계의 품격을 상징하는 명배우 장미희 님이 공동조직위원장으로 함께하며 그 위상과 품격을 한껏 높였다.

부천국제판타스틱영화제는 지난 29년간 새로운 상상력과 도전 정신으로 언제나 변화에 앞장서왔다. 올해는 공식 포스터부터 AI 영화, 국제 콘퍼런스, 전시에 이르기까지 영화제 전반에 혁신적 기술과 창의적 실험을 담았다. 지난해에 이어 AI 시대가 불러오고 있는 변화의 흐름을 피하지 않고 기꺼이 선두에 나선 것이다. 나는 이 같은 도전이 부천국제판타스틱영화제의 정체성이자 정신이라고 생각한다.

부천시는 시민 여러분과 함께 즐길 수 있는 '모두의 영화제'가 될 수 있도록 7월의 카니발과 부천 위조이 치맥 축제, 지역상생마켓을 열심히 기획하고 준비했다. 특히 올해 배우 특별전의 주인공인 이병헌 배우의 특별전을 시작으로 다채로운 프로그램들이 시민과 관객들께 '행복한 쉼표'를 선사할 것이다. 11일간 펼쳐지는 올해 부천국제판타스틱영화제가 국내외 수많은 영화팬들께 뜻 깊은 선물이 되길 바란다. ··· 2025.7.3.

신흥시장 공영주차장 조성사업 완료

신흥시장 이용객과 원도심 주민들께서 겪고 계시는 주차난을 해소하기 위해 추진한 '신흥시장 공영주차장' 조성사업을 완료했다. 기존 억새어린이공원 부지에 지하 2층 규모 주차장 87면을 조성했으며, 공원도 함께 리모델링해 더욱 시민친화적인 휴식 공간으로 탈바꿈하도록 했다.

신흥시장 공영주차장은 약 2주간의 시범운영을 거친 뒤 오는 2025년 9월부터 유료로 전환해 운영할 예정이다. 지역경제 활성화와 시민이 누리는 삶의 질 개선에 커다란 도움이 되길 기대한다. ··· 2025.7.25.

부천시 미니 뉴타운 및 역세권 정비사업 최종 선정

부천시 미니 뉴타운 및 부천형 역세권 정비사업 공모에서 각 사업별 2곳씩, 총 4곳

을 최종 선정했다. 이와 더불어 부천형 역세권 정비사업과 결합할 정비 대상지 7 곳소사역세권 3곳·중동역세권 4곳도 함께 매칭했다. 이로써 역세권 주거지역을 중심으로 고밀개발과 결합 정비를 나란히 추진해 원도심 주거환경을 효과적으로 개선할 수 있게 되었다.

미니 뉴타운 사업에는 △원미동 원미초등학교 일원163,483㎡과 △심곡본동 극동·롯데 아파트 일원109,388㎡, 부천형 역세권 정비사업에는 △소사역 소사동 행정복지센터 일원80,481㎡과 △중동역 뉴서울·우성 아파트 일원90,938.5㎡이 각각 선정됐다. 소사역세권과 결합 정비 대상지로 매칭된 3곳은 △괴안동 한아름아파트 다동1,798.4㎡, △괴안동 조양그랜드맨션3,522.6㎡, △원미동 제일연립1,666.6㎡이며, 중동 역세권과 매칭된 4곳은 △송내동 성주연립462.6㎡, △심곡본동 대도연립785.3㎡, △원종동 진주빌라2,971.1㎡, △원미동 부흥연립2,547.4㎡이다.

부천시는 미니 뉴타운 대상지는 올해까지 재정비촉진지구로 지정하고, 내년까지 재정비촉진계획을 수립할 예정이다. 부천형 역세권 정비사업은 결합 정비 대상지를 포함한 사업대상지에서 토지 등 소유자 50% 이상의 동의를 받아 정비사업 입안을 요청하면, 내년까지 관련 계획 수립을 완료할 계획이다. ⋯ 2025.8.6.

소사청년공간 '소사로움'이 문을 열다

심곡도서관은 1985년 개관한 부천시 최초의 공공도서관이다. 지역을 대표하는 유서 깊은 도서관이 새롭게 단장한 모습으로 시민 앞에 다시 서게 됐다. 재개관한 심곡도서관은 원도심 주민들의 풍요로운 여가생활을 돕는 문화복합공간으로서 큰 역할을 하게 될 것으로 기대되고 있다. 재개관을 계기로 심곡도서관 옥상은 부천 시내를 한눈에 내려다보며 여유를 즐길 수 있는 열린 공간으로 탈바꿈하게 되었다.

아울러 새롭게 문을 연 소사청년공간 '소사로움'은 청년 맞춤형 문화공간으로, 심곡도서관 4층에 자리하고 있다. 청년디지털인쇄소, 미디어창작실, 인터뷰실, 동아리방, 공유 부엌 등으로 구성돼 있다. 청년디지털인쇄소는 문학인을 꿈꾸는 청년들에게 책을 만들 수 있는 기회를, 미디어창작소와 인터뷰실은 보다 많은 도전과 가능성을 선사할 것이다. ⋯ 2025.9.1.

대장~홍대선 실시계획 승인과
KTX-이음열차 소사역 정차 서명운동

2025년 9월 26일, 국토교통부는 대장~홍대선 민간투자사업 실시계획 승인을 고시했다. 이로써 해당 노선이 2025년 12월 착공에 돌입할 수 있을 것으로 기대되고 있다.

부천시는 대장~홍대선과 더불어 부천 대장 도시첨단산업단지를 성공적으로 조성해 빠른 광역 교통망과 질 좋은 일자리, 쾌적한 정주 환경이 갖춰진 '살기 좋은 오정'을 만들어가겠다. 이 사업들이 안전하고 차질 없이 추진되도록 서영석 국회의원님과 함께 필요한 일들을 세심하고 꼼꼼하게 챙기겠다.

그에 이어 KTX-이음열차의 소사역 정차를 위한 시민 서명운동을 전개했다. 시민들의 반응은 폭발적이었다. 바쁜 일과를 마치고 귀가 중이던 시민들께서도 큰 관심을 갖고 참여해주셨다. 소사역 정차를 반

드시 이뤄내자고 응원해주시는 분들도 많았다.

소사역은 경인선과 서해선이 맞닿은 주요 환승역이자 인근 지역의 여객수요를 효과적으로 수용하는 수도권 서부의 핵심 교통거점이다. KTX-이음열차의 소사역 정차가 부천의 균형발전과 원도심의 도약, 더 나은 시민의 삶을 이루기 위해 반드시 관철돼야 하는 중요한 과제인 까닭이다.

더 나은 시민의 삶과 더 높은 도시의 경쟁력을 위해, KTX-이음열차의 소사역 정차는 반드시 필요하다. 10만 명 서명운동을 성공시켜 80만 부천시민의 뜻을 확실하게 보여줘야 한다. 기필코 해낼 수 있도록 힘을 모아주시기 바란다.

2025.10.14.

부천시 거주환경 만족도 84.9%, 시정 만족도 3년 연속 상승

부천시민들께서 부천을 '살기 좋은 도시'로 평가해주셨다. 시정 만족도가 3년 연속 상승세를 나타내는 등 민선 8기 부천시에 대한 높은 신뢰도를 보여주셨다.

올해 부천시 시민의식조사에 따르면 부천시민의 거주환경 만족도는 84.9%였다. 가장 높은 만족도를 보인 분야는 대중교통_{긍정 평가 87.8%}이었으며, 생활 편의시설_{80.4%}, 공원·산책로 등 녹지공간_{80.3%}, 주거지역 위생관리_{78.5%} 등이 그 뒤를 이었다. 시민들은 개선이 필요한 분야로는 도시 균형개발_{46.4%}을 꼽으셨다.

언제나 시민의 목소리에 귀 기울이면서 잘하는 것들은 더 잘하도록 하고 부족한 부분은 성심을 다해 보완해나가겠다. 도시의 품격을 높이고, 시민의 더 나은 삶을 위해 겸허한 자세로 멈춤 없이 나아가겠다.

2025.10.21.

한눈에 보는
2025 부천시 주요정책
시민의식조사

조사기간 2025. 9. 4. ~ 9. 13.
조사대상 18세 이상 부천시민 807명
조사방법 모바일 표본조사
표본오차 95% 신뢰수준에서 ± 3.45%p

부천시 시정운영 만족도

⭐ **3년 연속 증가!**

- 56.2% 2023
- 58.0% 2024
- 63.2% 2025

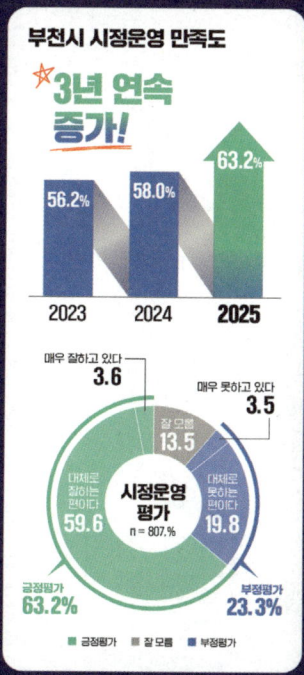

매우 잘하고 있다 3.6
매우 못하고 있다 3.5
잘 모름 13.5
대체로 잘하는 편이다 59.6
대체로 못하는 편이다 19.8

시정운영 평가
n = 807.%

긍정평가 63.2%
부정평가 23.3%

■ 긍정평가 ■ 잘 모름 ■ 부정평가

부천시 거주환경 만족도

⭐ **만족 84.9%**

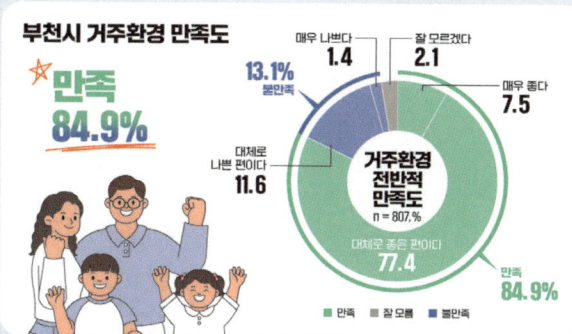

매우 나쁘다 1.4
잘 모르겠다 2.1
매우 좋다 7.5
불만족 13.1%
대체로 나쁜 편이다 11.6
만족 84.9%
대체로 좋은 편이다 77.4

거주환경 전반적 만족도
n = 807.%

■ 만족 ■ 잘 모름 ■ 불만족

시민만족 정책 Best 3

Best 1
부천페이 활성화
시민 만족도 70.4%

Best 2
3대 국제축제
시민 만족도 67.9%

Best 3
걷고 싶은 길 공원·녹지 조성
시민 만족도 64.8%

시민이 바라는 부천시 미래발전방향

설명	항목	값
질 좋은 일자리 및 기업이 많고 상권이 활성화된	① 경제도시	36.4
사통팔달 편리한 대중교통과 주차 인프라가 잘 구축된	② 교통편의도시	35.7
교육환경이 잘 조성되어 있는 아이 키우기 좋은	③ 교육도시	32.6
든든한 복지에 취약계층 발굴체계가 잘 갖추어진	④ 복지도시	24.7
쾌적한 녹지와 환경을 보장하는	⑤ 환경도시	20.5

2.
시민이 행복한
부천

3개 구, 37개 일반동 전환
기자회견을 열다

부천시 '3개 구, 37개 일반동 전환'을 알리는 기자회견을 갖고, 이에 대해 설명했다.

행정 체제 전환은 부천시민의 염원을 담은 민선 8기 핵심공약이었다.

2024년 1월부로 기존 10개 광역동 체제는 폐지되고, 원미·소사·오정 3개 구 및 37개 일반동 체제로 전환된다.

옥길동이 새롭게 만들어져 이전의 일반동에서 1개 동이 늘어난다.

새롭게 전환되는 일반동에 행정안전팀·복지팀을 설치해 그간 광역동 체제의 불편사항으로 꼽히던 접근성과 편의성 등을 해결하고자 한다.

또한 함께 지적되던 민·관 거버넌스 약화 문제를 해소하기 위해 각 동 단체를 재구성해 지역 네트워크 활성화를 통한 지역공동체 회복을 이루겠다.

시 관계부서에서 여러 차례 정부 세종청사를 방문하고, 행정안전부와 수시로 협의를 진행했으며, 부천시 공무원을 행정안전부에 파견하는 등 지난 11개월 동안 쉼 없이 달려왔다.

한결같은 지지와 응원을 보내주신 부천시민들께 감사하다.
앞으로도 시민 앞에 약속드렸던 공약을 이행하기 위해 멈추지 않고 달리겠다.

2023.5.22.

저소득 취약가구 긴급 난방비 지원

지난 2월 1일, 매서운 한파에 난방비 폭탄으로 어느 때보다 추운 겨울을 보내고 계신 분들을 위해 '저소득 취약가구 긴급 난방비 지원 대책'을 지시했다. 정부의 에너지 바우처 지원금 및 경기도의 난방취약계층 긴급지원대책과 별개로, 시의회와 협력해 조례 제정을 거쳐 최대한 빠르게 저소득 취약계층 시민들께 도움을 주고자 했다. 부천시의 긴급난방비 지원 대상은 저소득 취약계층 약 1만 9,000여 가구이며, 각 10만 원씩 지원될 예정이다.

그리고 2월 7일, 남들보다 추운 겨울을 보내고 있는 시민들께 온기를 전할 수 있게 됐다. 최성운 부천시의회 의장님이 대표 발의한 '부천시 주민생활안정 지원에 관한 조례'가 제265회 부천시의회(임시회)에서 통과된 덕분이다. 시민의 따뜻한 겨울나기를 위해 힘을 모아 협력해주신 부천시의회에 감사드린다. ··· 2023.2.1.

부천시 바우처 택시 출범식

오랜 숙원사업이었던 바우처 택시 출범식이 있었다. 바우처 택시 도입으로 부천시에 계신 교통약자들께 더 안전하고 편리한 교통 서비스를 제공할 수 있게 됐다. 최근 복지택시 이용 건수 증가로 배차시간이 길어지면서 많은 불편이 따랐다. 이번 바우처 택시 운영으로 이 같은 일이 상당 부분 해소되길 바란다.

특히 장애인 서비스와 더불어 임산부를 위한 '맘Mom편한 택시' 서비스도 많은 관심 부탁드린다. 장애인이 살기 좋은 도시는 비장애인도 살기 좋은 도시다. 부천시 바우처 택시가 교통약자가 누리는 이동의 자유를 보장하는 든든한 발이 되어주길 바란다. ··· 2023.4.25.

'천원의 아침밥' 사업 업무협약을 맺다

치솟기만 하는 물가에 밥 한 끼 먹기도 무서운 요즘이다. 지갑이 얇은 대학생들의 부담은 더 클 수밖에 없다. 부천시는 오늘 관내 대학생들에게 1,000원에 아침 식사를 제공하는 '천원의 아침밥' 사업 업무협약을 맺었다. 최소한 먹는 문제로 학생들이 고통 받지 않도록 부천시 관내 모든 대학과 힘을 모았다.

관내 모든 대학이 이 사업에 참여하는 것은 전국 최초이기에, 더 뜻 깊었다. 부천시와 가톨릭대, 부천대, 서울신학대, 유한대는 우리 학생들에게 아침밥을 안정적으로 제공하기 위해 협약사항을 성실히 이행하고, 성공적으로 시행할 수 있도록 적극 협력할 것이다. 앞으로도 부천시는 대학과 함께 청년 인재를 육성하고, 그들이 부천에 머물러 발전에 이바지할 수 있도록 지원을 아끼지 않겠다. ···2023.5.3.

시민의 밥상 안전, 급식 안전을 위해

일본의 후쿠시마 오염수 해양 방류로 인해 시민의 우려와 불안이 커졌다. 이에 부천시는 시민의 밥상 안전, 급식 안전을 위해 모든 행정력을 집중했다.

부천시는 이미 2014년에 방사능으로부터 안전한 급식을 위해 관련 조례를 마련했다. 이 조례를 토대로 부천시민과 학생들에게 제공되는 급식, 그리고 이에 사용되는 식재료의 원산지 표기를 철저하게 점검하고 있다.

더불어 방사능 인증 검사를 통과한 업체에 '방사능 안전 급식시설' 인증제를 도입하는 등 믿고 먹을 수 있는 안전한 급식 환경을 보장하기 위해 경기도·경기도교육청과도 긴밀히 협력해 나갈 것이다. ···2023.8.28.

부천의 새로운 얼굴 공개

오늘 부천시 통합도시브랜드 선포식을 갖고, 시민과 함께 만든 새로운 도시브랜드를 공개했다.

부천의 새 얼굴을 결정하는 데에 약 15,300명의 부천시민께서 직접 참여해 주셨기에 더욱 뜻 깊고 감사했다.

새 통합브랜드는 부천의 국문 표기 초성인 'ㅂ'과 영문 표기의 첫 알파벳인 'b'가 함께 읽히는 형태로, 국문과 영문의 혼합형태로 디자인됐다.

디자인에 '창의도시'의 예술성을 부각하고, 살기 좋은 도시의 생명력과 미래 가능성을 담고자 했다.

시민과 함께 만들었기에, 이 브랜드가 한국공공브랜드진흥원 주관 <제1회 공공브랜드 대상> 지자체 BI 디자인 부문에서 대상을 받은 점은 특히 기쁘게 다가왔다.

우리 부천은 전국 자치단체 중 도시 아이덴티티 개념을 도입한 최초의 도시다.
통합도시브랜드가 이러한 역사성을 이어가고 부천의 미래 100년을 담아낼 새로운 상징이 되도록 힘쓰겠다.

부천시민과 함께 세계 속에서도 경쟁력을 보이는 글로벌 도시 부천을 만들어가겠다.

2023.12.11.

부천시의회 과학고 설립 지지 결의안 채택

부천시의회의 '부천시 과학고등학교 설립 지지 결의안' 채택을 환영한다. 이번 결의안 채택은 시의회 여야 의원 모두가 초당적 협력으로 이룬 뜻 깊은 성과라 하겠다. 시의회는 결의안을 통해 부천이 창의적인 과학예술 융합인재 양성의 산실이 되도록 과학고 설립을 적극적으로 지원하겠다는 뜻을 천명했다.

부천시는 이 같은 지역사회와 시민의 뜻을 모아 과학고 설립 추진에 더 박차를 가하겠다. 부천에서 키운 인재가 부천의 미래를 더 넓게 확장하는 선순환의 고리를 확실하게 만들어나가겠다. ···2024.3.14.

지역대학과 상생발전의 실현을

가톨릭대·부천대·서울신학대·유한대 등 부천시 소재 4개 대학교와 상생발전 업무협약을 체결했다. 2023년 5월, 전국 최초로 모든 지역대학이 '천원의 아침밥' 업무협약을 맺은 이후 다시 한 번 상생발전을 위해 손을 맞잡았다.

한자리에 모이니 다양한 생각과 제안이 오고 갔다. 이 같은 아이디어를 구체화하기 위해 협의체를 구성하기로 했다. 부천시는 미래세대지원과 대학협력팀을 신설하고, 지역대학과의 유기적 협력을 다방면으로 추진하고 있다. 부천시와 지역대학들이 교육 공동체로서 상생발전의 선도모델이 될 수 있도록 지혜를 모으고 실천하겠다. ···2024.3.20.

전세 사기 피해자를 위한 안전망 구축

부천시는 전세 사기 피해자를 지원하고 새로운 피해를 예방하기 위해 △피해 가구당 1회 긴급생계비 100만 원 지원 △피해자 이주 시 부동산 중개 수수료최대 30만 원 및 이사비최대 40만 원 지원 △전세보증금 반환보증 보증료 지원 확대연령 제한 없애고 소득 기준 완화 등을 펼치고 있다.

또한 2023년 10월부터 긴급하게 집을 옮겨야 하는 전세 사기 피해자를 돕기 위해 '부천안심드림Dream 주택' 5호를 운영해왔다. '부천안심드림 주택'은 부천의 자랑인 황희찬 선수가 기탁한 후원금으로 추진하고 있는 사업이다. 신청 대상·방법·절차

등 상세한 내용은 주택정책과 주거복지팀으로 문의해 확인할 수 있도록 했다. ···
2024.3.22.

지역 구석구석 교통을 편리하게, '똑버스' 개통

똑소리 나는 버스가 부천시민을 찾아왔다. 오정구 고강본동 은행단지 버스 종점에
서 '똑버스' 개통식을 열고, 시승 행사를 진행했다.

똑버스는 일정한 노선이나 정해진 운행계획 없이 승객의 호출에 대응해 탄력적으로
운행하는 버스이다. △고강본동·고강1동3대 △옥길동·범박동2대에서 정식 운영되며,
오전 6시부터 오후 11시호출 마감 오후 10시 30분까지 운행될 예정이다.

똑버스는 스마트폰 앱 '똑타'를 통해 손쉽게 호출할 수 있다. 시민이 안전하고 안락
하게, 지역 구석구석, 편안한 교통 서비스를 누릴 수 있도록 마음과 노력을 두루 다
하겠다. ··· 2024.4.25.

미래세대를 위한 실천, 아동안전 보장과 환경 보호

교통사고 전문가 한문철 변호사를 모시고, 아동의 보호권을 위한 안전교육을 진행
했다. 아이를 동반한 학부모를 대상으로 열린 교육인 만큼 장내를 메운 시민의 눈
빛에는 열정과 집중이 가득했다.

부천시는 사람이 중심인, 우리 아이들이 더 안전한 환경을 만들기 위해 도시를 정
비하고 있다. 그 무엇보다 사람이 소중하기 때문이다.

이어 시청 앞 잔디마당에서 환경의 가치를 즐겁게 나누고 배우는 부천 환경교육한
마당 '지구를 위한 그린 일상'이 열렸다. 사진·미술·음악·퀴즈와 같은 문화와 놀이
를 통해 즐겁게 환경 보호의 중요성을 체감하고 느끼는 의미 있는 시간이었다.

아동의 안전 보장과 환경 보호는 선택이 아닌 의무이다. 부천시는 지난 2019년 유
니세프로부터 인증 받은 '아동친화도시'이다. 우리 모두의 미래인 어린이들이 보
다 건강하고 행복하게 자랄 수 있도록 앞으로도 최선의 역량을 기울이겠다. ···
2024.6.1.

공약은
시민과의 약속

부천시 민선 8기 2주년 첫 행보로 공약과 현안을 챙기는 일에 나섰다. 가장 먼저 간부 공무원들과 공약사업 추진사항을 점검했다.

공약은 시민과의 약속이다. 부천시는 한국매니페스토실천본부에서 실시한 공약 평가에서 3년 연속 최우수등급에 선정되는 등 시민과의 약속을 지키기 위해 부단히 노력했다. 앞으로도 이 같은 노력을 쉬지 않고 이어가겠다.

이어 춘의동 R&D종합센터 및 수소충전소, 심곡본동 부천형 소규모 주택정비 관리계획 수립지역, 송내국민체육센터 등을 찾았다.

이들 공간은 부천의 경제활력, 친환경 인프라, 도시 재정비, 시민 건강증진에 힘을 더해줄 중점 현안을 상징하는 장소이기도 하다. 특히 노후 주거환경이 개선되기를 바라는 시민들과 마주하고, 그분들의

생각과 마음을 직접 노트에 눌러 담았다.

시민이 체감하는 변화를 이루기 위해 부천시장으로서 사력을 다하겠다. 민선 8기 후반기에 공약과 주요 현안들이 더욱더 속도감 있게 실현될 수 있도록 최선을 다하도록 하겠다.

2024.7.1.

역곡천 철길 테마 산책로 조성에 힘을 모으다

'역곡천 철길 테마 산책로 조성사업'을 성공적으로 추진하기 위해 국군수송사령부, 70정비대대와 상호협력 협약을 체결했다. 부천시는 이를 통해 군부대와 소사구 옥길동 668-35 일원의 유휴 군용 철길 및 주변 관리가 어려운 국유지를 자연친화 휴게공간으로 탈바꿈시키기로 했다.

부천시는 이를 위해 관내에 소재한 군부대와 현장 실사 및 업무협의를 여러 차례 거쳐 상호 협력체계를 구축해 왔으며, 2024년 3월에는 군과 협력해 대상지 환경 정비를 실시하고 야생화 단지를 조성했다. 또한 공모사업을 통한 사업비 확보 등 원활한 사업 추진을 위해 박차를 가하겠다. 도시 곳곳에 여가와 쉼을 더하는 녹지 환경을 지속적으로 마련해 시민을 위한 '공간복지'를 실현하겠다. ··· 2024.7.8.

건강한 지방자치와 시민 행복을 꽃피우는 길

수도권 역차별과 불합리한 규제를 혁파하기 위한 정책협의체인 '과밀억제권역 규제 완화 TF 위원회'가 출범했다. 부천, 수원, 고양, 의정부, 하남, 광명, 구리, 성남, 안양, 군포, 과천, 의왕 등 지자체 12곳과 지역구 국회의원들이 낡은 수도권 규제를 바로잡기 위해 뜻을 모았다.

과밀억제권역을 다루고 있는 '수도권정비계획법'은 수도권에 집중된 인구와 산업을 분산시켜 국토 균형발전을 꾀하기 위해 만들어졌다. 그러나 법 제정 40년이 지난 현재는 수도권의 인구 집중은 오히려 심화된 반면, 비수도권의 성장을 이끌지 못하고 있는 문제를 드러내고 있다.

특히 부천시는 전 지역이 과밀억제권역에 해당돼 공장총량제, 중과세, 입지 제한이라는 족쇄에 묶여 공장의 신설과 증설이 어렵다. 이에 따라 기업들이 규제가 덜한 지역으로 하나둘 떠나면서 일자리 및 인구 감소, 지역경제 성장 저하, 재정자립도 악화 등 악순환이 반복되고 있다. 기업 유치 작업에도 적잖은 어려움이 따르고 있다.

부천시가 나서서 수도권정비계획법 규제 완화를 이뤄내고, 건강한 지방자치와 시민 행복을 실현하도록 멈추지 않고 달리겠다. 수도권정비계획법을 개정하고, 수도권과 비수도권이 함께 성장하는 새로운 길을 찾기 위해 온 힘을 다하겠다. ··· 2024.7.10.

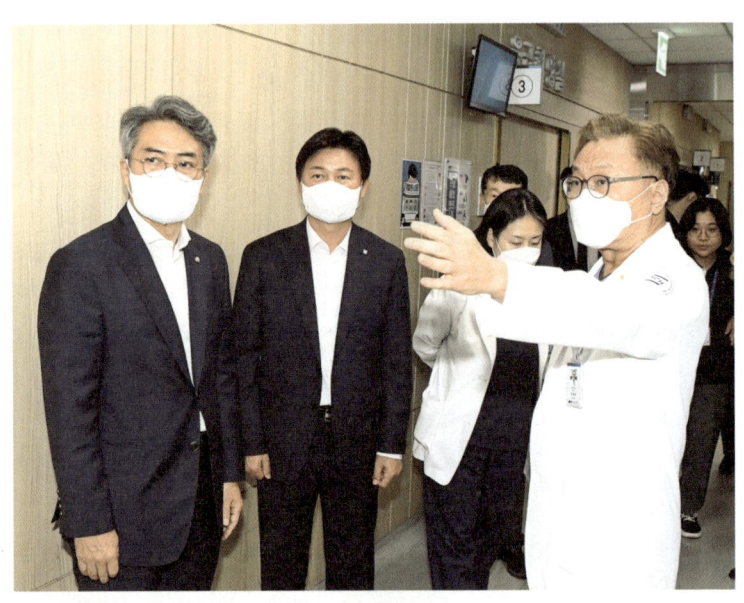

부천이 기부천사의 도시로 한 걸음 더 나아가다

부천이 선한 영향력이 가득한 도시로 성큼 나아간 하루였다. 2022 항저우 아시안게임 e스포츠 부문에서 금메달을 수상하며 대한민국을 빛낸 전 리그오브레전드LoL 프로게이머 이재완Wolf 선수가 부천시청을 찾아 결식아동을 위한 기부금 3000만원을 전달했기 때문이다. 부천에서 유년·청소년기를 보낸 이재완Wolf 선수는 게임 아이디도 '부천 나서스'로 쓰는 등 부천을 향한 애정을 항상 드러내 왔다.

때마침 부천시청 1층 로비에 '부천희망재단 기부 키오스크'가 설치됐다. '기부 키오스크'는 기부를 희망하는 시민이 쉽고 편리하게 나눔을 실천할 수 있도록 돕기 위해 마련됐다. 기부자가 키오스크 LCD 화면에서 '기부하기'를 선택한 후 나눔 금액을 자유롭게 입력하고 신용카드나 각종 페이pay로 결제하면 완료되는 시스템이다. 기부금은 '부천시-부천희망재단' 협력기금인 '내가 도울게요'에 적립돼 관내 사각지대 위기가구 긴급 지원에 활용된다. ··· 2024.7.19.

방역 사각지대 없는 쾌적한 부천을 향해

고강본동 자율방역단과 새마을부녀회, 부천시 새마을지도자협의회 등 시민과 함께 오정구 고강본동 방역에 나섰다. 특히 도로가 좁고 높은 언덕길 탓에 평소 차량 방역이 어려웠던 지역 중심으로 집중 방역을 실시했다.

부천시는 '방역 사각지대'를 없애고, 지역주민의 건강과 주거환경 개선을 위해 부단히 땀을 흘리고 있다. 무엇보다도 도시 맞춤형 방역소독사업을 추진하고 있으며, 방역 취약지역을 대상으로 태양광 해충기피제 자동분사기와 모기 유인퇴치기포충기 등을 설치·운영하고 있다. 매년 무더운 여름철에 감염병 예방과 시민의 건강 증진을 위해 앞장서 주시는 부천의 모든 자원봉사자께 깊은 감사를 드린다. ··· 2024.8.16.

추석 연휴 대비 응급의료 대응 체계 점검

순천향대학교 부속 부천병원을 찾아 2024년 추석 연휴 대비 응급의료 대응 체계를 점검했다. 아울러 어려운 상황에도 불구하고 차질 없이 응급진료에 땀 흘리고 있는 의료진 등 병원 관계자들을 만나 감사와 격려를 전했다. 추석 연휴 동안 응급 의료시스템이 원활히 작동할 수 있도록 빈틈없는 응급환자 진료를 부탁드렸다.

부천시는 응급의료 현장 의료진의 부담을 줄이면서 안정적 응급의료 대응을 펼치기 위해 추석 연휴 기간 중 부천시보건소 진료실을 운영하는 등 시민이 안전한 시간을 보낼 수 있도록 명절에도 각고의 노력을 다하겠다. 힘든 여건에서도 응급의료 현장을 지키고 있는 의료진들의 헌신에 다시 한 번 감사의 말씀을 드린다. … 2024.9.10.

범박동 카페거리 인근 임시주차장 무료 개방

범박동 카페거리 인근 임시 공영주차장을 무료로 개방했다. 범박동 카페거리 인근에 오랜 기간 공터로 남아있던 범박동 212-6번지 등 총면적 3,017.4㎡약 912평 부지를 부천시민을 위한 주차 공간으로 만들었다. 주차장 규모는 100여 대 수준이며, 24시간 내내 운영된다.

이번 임시 공영주차장 조성으로 범박동 카페거리를 더 많은 주민과 방문객들이 보다 편하게 오가실 수 있게 되었다. 이를 통해 지역경제에 활력을 더하고, 만성적 주차난 해소에도 큰 도움이 될 것으로 기대된다. 시민의 삶에 활기와 편의를 높이기 위해 더 많이 고민하고 실천하겠다. … 2024.10.25

노후 계획도시정비
선도지구 지정

부천시는 부천 중동 1기 신도시 노후계획도시정비 선도지구로 '반달마을A'와 '은하마을' 2개 구역을 선정했다.

반달마을A는 삼익·동아·선경·건영아파트 등 총 3,570세대, 은하마을은 대우동부·효성쌍용·주공1단지·주공2단지 등 총 2,387세대 규모이다. 총 5,957세대로 중동 신도시 내 정비 대상 주택 물량의 15% 수준이다.

부천시는 공정하고 투명한 선도지구 선정을 위해 엄정한 평가와 심사에 최선을 다했다. 국토교통부는 선도지구 전용 패스트트랙Fast Track 절차를 담은 '노후계획도시 특별정비계획 수립 지침'을 고시할 예정이다.

선정된 선도지구가 1기 신도시 재정비의 성공적인 모범사례가 되도록 행정적 지원을 다하겠다. 이번에 선정되지 않은 단지들도 특별정비계획의 연차별 계획에 따라 선도지구와 차별 없이 신속한 행정 처리 및 지원이 가능하도록 행정력을 집중하겠다.

부천시는 더 나은 정주 여건과 공간복지를 제공해 시민의 행복을 끌어올릴 수 있도록 각고의 노력을 쏟을 예정이다.

2024.11.27.

시민 안전과 폭설 피해 최소화에 총력을

부천시는 대설경보가 발효됨에 따라 오후 6시부터 비상 3단계를 발령하고, 각 구청 및 동 행정복지센터와 함께 재난안전대책본부 상황실을 운영했다. 다음날 오전 8시부터는 제설취약구간 책임담당제2차를 운영해 제설취약구간 305곳에 공무원과 자율방재단을 포함한 1,173명의 인력을 투입했다. 주요 취약도로 및 경사로 등 보행 안전에 위험이 있는 구간에서 집중적으로 제설작업을 진행했다.

또한 시민이 신속하게 강설 관련 상황을 알 수 있도록 부천시 공식 SNS 등을 통해 대설경보를 안내하고, 재난안전문자를 발송해 시설물 안전관리와 안전사고 유의를 당부했다. 나는 제설취약구간인 부천역 마루광장을 찾아 도로·시설 등 현장과 제설장비 현황을 직접 점검하고, 시민 안전과 피해 최소화를 위해 철저한 대응을 강조했다. ··· 2024.11.28.

고강초등학교 담장과 희망의 고래

오정구 고강초등학교 담장에는 희망의 고래가 있다. 우리에게 친숙한 배우인 김규리 작가님이 이끄는 몹시아트art봉사단과 고리울동행단, 어린 학생들이 지난달 함께 만든 꿈의 벽화이다.

하얗게 비어있던 담장이 알록달록 손바닥들로 꾸며진 푸른 바다가 됐고, 그 안에서 고래들이 자유롭게 유영하고 있다. 지난 토요일은 밤이 가장 길고 낮이 가장 짧다는 동지冬至였다. 우리도 바다 속 자유로운 고래처럼 조금씩 희망을 향해 헤엄쳐 나가길 소망한다. ··· 2024.12.24.

KTX-이음 열차 소사역 정차 관련 현장 점검

이건태, 김기표 의원님과 KTX-이음 열차 소사역 정차 관련 현장을 점검했다. 마지막 열차 운행을 마친 0시 30분에 시작한 이번 현장 점검에 김병전 시의회 의장님과 부천병 지역 도·시의원님들도 함께했다. 부천시, 국토교통부, 한국철도공사, 국가철도공단, 서해선 민자사업시행자·운영사 관계자 등과 현장을 살피면서 KTX-이음 열차의 소사역 정차를 위한 구체적인 해법 마련을 논의했다.

소사역은 경인선과 서해선이 맞닿은 주요 환승역이자 동서남북으로 뻗어나가는 수도권 서부의 핵심 교통 거점이다. 각 지역의 여객 수요를 보다 폭넓고 효과적으로 수용하기 위해서는 KTX-이음 열차의 소사역 정차가 반드시 필요하다. 이 현안을 풀기 위해 앞장서고 계신 이건태 의원님을 성심껏 돕고, 더 넓고 촘촘한 광역교통의 중심지 부천을 만들기 위해 최선을 다하겠다. ··· 2025.2.25.

공공시설 77곳에 방연 마스크 4,710개 비치

부천시 청사, 도서관, 어린이집, 복지시설 등 다중이용 공공시설 77곳에 화재 대피용 방연 마스크 4,710개를 비치했다. 특히 노약자·어린이 등 재난에 취약한 계층이 주로 이용하는 시설을 중심으로 방연 마스크를 우선적으로 배치했다.

화재 시 방연 마스크를 사용할 경우 유독가스가 퍼지는 상황에서 최소 15분 이상 버틸 수 있어 구조 및 대피에 필요한 '골든타임'을 확보할 수 있다. 비치한 방연 마스크는 사용법이 간단해 안전교육을 받지 않은 일반 시민들도 긴급 상황 시 빠르게 활용할 수 있다.

시민들께 비상 대피로, 소화기, 완강기 위치와 함께 방연 마스크 비치 장소도 살펴봐주시길 부탁드렸다. 부천시는 이번 조치를 비롯해 재난 취약시설과 민간 다중이용시설에 대한 재난 대응 역량을 계속해서 강화해나가겠다. ··· 2025.4.22.

지반침하 사고 예방을 위한 현장 안전 점검 실시

관내 대형 굴착공사장인 GS파워 부천열병합발전소 현대화사업 지중송전설비 공사 현장과 광명~서울 고속도로 민간투자사업 3공구 현장을 찾아 안전 점검을 실시했다.

부천시는 지반침하 사고를 예방하기 위해 △대형 지하 굴착공사 현장 집중 점검 △지하 공동 정밀 탐사 △노후 상하수도 점검 등에 철저히 임하며, 시민 안전 확보에 최선을 다하고 있다. 시민 안전을 최우선 가치로 두고 생활환경 곳곳의 작은 위험 요소까지 꼼꼼히 살피기 위해 노력하고 있다. ··· 2025.4.28.

부천 대장신도시 주택전시관 개관식 참석

부천 대장신도시A7, A8 블록 주택전시관 개관식에 함께했다. LH 측의 사업 설명과 더불어 견본주택 전시관을 둘러보고, 원만한 사업 추진을 논의하는 자리를 가졌다.

부천 대장신도시는 대장~홍대선, GTX-D, GTX-Dy, GTX-E 노선 구축으로 4중 역세권이 될 수도권 서남부 핵심 교통 중심지다. 약 4만 평 규모의 SK그린테크노캠퍼스 연구단지, 약 2만 평 규모의 대한항공 첨단 모빌리티 기지 조성 등 우수한 앵커기업 유치로 자족 기능을 갖춘 3기 신도시의 면모도 갖춰가고 있다. 오정구 발전에 진심과 노력을 다하고 계시는 서영석 의원님과의 협의를 토대로 부천 대장신도시를 모두가 부러워하는 명품도시로 만드는 데 최선을 다하겠다. ··· 2025.5.9.

민생회복 소비쿠폰 전담 TF와 종합상황실 가동

부천시가 민생회복 소비쿠폰 전담 TF를 본격적으로 가동했다.

전담 TF 규모는 총 212명으로 행정·복지·통신·홍보 등 각자의 분야에서 민생회복 소비쿠폰 신청 및 지급에 필요한 일들을 신속하고 체계적으로 추진하도록 했다. 안정적인 업무 처리에 필요한 종합상황실도 별도로 마련했다.

부천시는 평일 방문이 어려운 시민을 위해 사전 희망자를 대상으로 주말 신청 창구를 열 계획이며, 37개 동 행정복지센터에는 현장 접수반을 편성·운영해 시민 편의성을 높일 예정이다.

이와 더불어 온마음 인공지능AI 복지콜 등 부천형 기본돌봄 모델을 활용해 기초생활수급자 등 도움이 필요한 분들께 소비쿠폰 사용 방법을 친절하고 꼼꼼하게 안내할 예정이다.

또한 부천시는 종합사회복지관 등과 협업해 거점형 현장 접수창구를 마련하는 등 민관협력을 통한 지원체계도 구축했다.

민생회복 소비쿠폰이 침체된 지역경제에 활력을 더하는 마중물이 되어 민생안정의 확실한 계기가 되도록 멈추지 않고 힘쓰겠다.

이재명 정부가 지향하는 더 나은 국민의 삶을 함께 만들 수 있도록 부천시가 앞장서겠다.

2025.7.9.

재활용품 처리 노동자들의 어려움에 귀 기울이다

부천시 재활용품 선별장에서 재활용품 처리에 애써 주시는 현장 노동자들을 찾아 뵈었다. 열악한 노동 여건에서도 자원 재활용률을 높이고, 시민들이 깨끗한 생활환경을 누릴 수 있도록 묵묵히 땀 흘려주시는 데 대해 감사의 말씀을 드렸다.

최근 발생한 선별장 내 화재와 기록적 무더위로 말미암아 재활용품 처리 현장에서 많은 어려움이 빚어지고 있다. 노동자분들의 건강과 안전을 위한 대책과 조치에 부족함이 없도록 각별한 신경을 쓰도록 하겠다. 박종현 한국노총 부천김포지역지부 의장님을 비롯해 재활용 선별장 노동조합원님들과의 소통과 연대, 그리고 공감대 형성에도 더 큰 노력을 기울이겠다. ··· 2025.7.17.

먹사니즘과 잘사니즘을 실현해줄 '민생회복 소비쿠폰'

먹사니즘과 잘사니즘은 국민의 기대와 열망에 부응해 탄생한 이재명 대통령님의 핵심 국정철학이다. 회복가 성장의 미중물이 될 '민생회복 소비쿠폰' 신청이 드디어 시작됐다. 아침 첫 일정으로 동 행정복지센터를 찾아 전담 창구 상황을 세심히 살폈다. 이른 시간임에도 많은 시민께서 방문해주셨고, 우리 직원들이 친절하고 꼼꼼하게 안내해드리고 있었다.

부천시는 2025년 7월 초부터 총 212명으로 구성된 전담 TF를 구성해 민생회복 소비쿠폰 신청 및 지급에 따르는 업무를 신속하고 체계적으로 추진했다. 37개 동 행정복지센터 현장 접수뿐 아니라 평일 방문이 어려운 시민들을 위해 사전 희망자를 대상으로 주말 신청 창구도 운영을 시작했다.

종합사회복지관 등에 거점형 현장 접수창구를 마련하고, 온마음 인공지능(AI) 복지콜 등 부천형 기본돌봄 모델을 통해 신청 및 지급에 도움이 필요한 분들을 적극적으로 돕겠다. 이재명 정부의 민생정책이 시민 한 분 한 분께 제대로 전달될 수 있도록 총력을 다하겠다. ··· 2025.7.21.

'부천 온溫편의점'이 문을 열다

1인 가구 증가, 길어지는 경제 불황, 파편화되는 사회 환경 등으로 개인의 사회적

고립 문제가 점차 심각해지고 있다. 이에 따라 시민의 정신건강 및 정서 돌봄에 대한 요구가 늘어나는 상황이다.

삼정종합사회복지관 3층에 문을 연 부천 온溫편의점은 외로움이나 고립감을 느끼는 시민이면 관심과 도움이 필요할 때 그 누구나 편의점처럼 편하게 드나들며 마음을 나눌 수 있는 열린 공간으로 운영될 예정이다. 출출하실 때 라면도 드시면서 푹신한 소파에 누워 안락한 시간을 누리셔도 좋다.

부천 온溫편의점은 전문심리상담과 마음돌봄 프로그램을 통해 심리 치유와 사회관계망 형성을 지원하는 기본복지 플랫폼으로서 중요한 역할을 해나가게 될 것으로 기대를 모으고 있다. 부천시는 시민의 정서적 건강과 사회적 연대를 이루는 생활밀착형 마음돌봄 공간으로 튼튼하게 자리매김할 수 있도록 힘쓰겠다. ··· 2025.8.5.

소비쿠폰 지급률 경기도 내 최고 수준 달성

부천시의 민생회복 소비쿠폰 지급률이 2025년 8월 8일 기준으로 95.6퍼센트를 달성했다. 이는 경기도 내 최고 수준에 해당하는 지급률이다.

그러나 부천시는 여기에 안주하지도, 만족하지도 않겠다. 단 한 분의 시민도 빼놓지 않고 민생회복 소비쿠폰이 지급될 수 있도록 '민생회복 동행단' 운영에 최선을 다하겠다. 특히 와상 장애인, 보호자가 없는 시설 입소 어르신, 학교 밖 청소년 등 신청이 어려운 이웃들 곁으로 더 가까이, 더 친절하게 다가가도록 하겠다.

이재명 정부가 전력을 다하고 있는 민생회복과 주권재민 실현에 부천시가 언제나 든든한 힘이 되도록 하겠다. ··· 2025.8.8.

수주고등학교, 교육부 '자율형 공립고 2.0'에 최종 선정

수주고등학교가 교육부의 '자율형 공립고 2.0' 4차 공모에 최종 선정됐다. 수주고등학교의 모든 관계자분께 진심으로 축하의 말씀을 드린다. 부천시는 2024년 수주고등학교와 '자율형 공립고 2.0' 사업 선정을 위한 업무협약을 체결하는 등 행정적 뒷받침에 최선의 노력을 경주해 왔다. 부천시의 이러한 노력이 반가운 결과를 맺게 돼 매우 기쁘고 뿌듯하다.

수주고등학교는 향후 5년간 매년 2억 원총 10억 원의 재정과 함께 교육과정 자율권과 같은 다양한 지원을 받게 되었다. 수주고등학교가 부천시를 포함한 관내 대학 및 기업 등과의 협력으로 성공적인 지역 특성 맞춤 교육과정을 운영할 수 있도록 부천시는 앞으로도 필요한 지원을 계속 이어나갈 계획이다. 김중한 교장 선생님을 비롯해 공모 선정에 애써주신 현장 교직원과 관계자 여러분, 학부모님들의 노고와 헌신에 다시 한 번 감사의 말씀을 드린다. ··· 2025.8.27.

'부천원미 도심공공주택복합사업'에 다시 시동을 걸다

LH가 사업성 악화를 이유로 중단했던 '부천원미 도심공공주택복합사업'이 분양가 재산정, 공공기여 완화 등 사업성 보정을 거쳐 다시 추진된다. 이 일로 인해 마음고생을 많이 하신 지역주민들께서는 이제 시름을 놓을 수 있게 되었다.

그동안 부천시는 지역주민들을 직접 만나 이야기를 듣고, LH에 조속한 사업 재추진을 요구하는 등 이 문제를 풀기 위해 시민과 함께 노력해 왔다. 부천시는 시민들께서 안정된 주거환경에서 건강하고 안전한 일상을 누리실 수 있도록 계속해서 최선을 다하겠다. 국민의 더 나은 삶과 국민주권 실현을 위해 힘쓰고 있는 이재명 정부에 진심으로 감사를 드린다. ··· 2025.9.25.

3.
민선 8기
부천시의 성과

대한민국 지방자치 경영대전에서 대통령상을 받다

부천시가 또 한 번 큰일을 해냈다. 행정안전부와 한국일보가 주최한 제18회 대한민국 지방자치 경영대전에서 사회복지서비스 분야 대상 대통령 표창을 수상했다. 2019년부터 부천형 통합돌봄 사업을 성공적으로 추진한 결과다.

보건복지부에서 실시한 2020년 노인실태조사에 따르면 어르신의 83.8%는 현재 살고 있는 집에서 생을 마무리하고 싶어 하고, 56.5%는 거동이 불편해도 현재 사는 집에서 계속 거주하기를 희망한다. 그러나 현실은 간병으로 인한 가족 간의 갈등, 상시적 돌봄의 어려움으로 인해 집이 아닌 요양시설에서 생을 마감하고 계신다.

부천형 통합돌봄 사업은 어르신들이 '살던 곳에서, 건강한 노후'를 보내실 수 있도록 주거, 보건의료, 일상생활 지원 등을 통합적으로 제공하는 지역주도형 정책이다.

눈앞으로 다가온 초고령사회는 이제 현실이다. 어르신들께서 생의 마지막까지 존엄을 지키고 가족과의 행복한 기억을 가져가실 수 있도록 보다 살뜰한 통합돌봄을 펼치도록 노력하겠다.

2022.11.11.

매니페스토 약속대상 선거공약에서 최우수상을 받다

한국매니페스토실천본부가 선정하는 2022 매니페스토 약속대상에서 선거공약분야 최우수상을 수상했다. 목표의 구체성, 우선순위의 명확성, 이행절차의 체계성, 이행기간의 합리성, 재원조달방안의 안정성 등 5개 지표와 시정 철학 및 비전, 민주성을 종합평가해 받은 결과다.

지난 6.1지방선거에 나서면서 재정 대책이 없는 깡통 공약, 당선되면 없었던 일이 될 거짓 공약을 하지 않기 위해 노력했다. 지킬 수 있는 약속과 시민들의 더 나은 삶을 위한 공약에 집중했고, 정도正道를 걷고자 했다.

취임 이후 선거공약서에 맞춰 '다시 뛰는 부천, 시민과 함께' 슬로건을 정하고, △365일 소통참여 열린도시 △활기찬 지역경제 활력도시 △촘촘한 생애맞춤 돌봄도시 △넘치는 문화여가 향유도시 △원활한 사통팔달 교통도시 등 시민행복 중심의 시정철학을 세웠다. 시민들께 약속드린 공약을 차곡차곡 실천하고, 시민이 주인인 부천을 만들기 위해 더욱 집중하겠다. ··· 2022.8.4.

대한민국 자치발전대상 수상

2023년 대한민국 자치발전대상을 받았다. 행정안전부 산하 한국자치발전연구원이 매년 지방자치에 기여한 인물을 선정하는데, 전국 243개 기초단체장 중 18명만 수상한 뜻 깊은 상이다.

우리 부천은 사각지대에 있는 어려운 이웃을 발굴하는 '온스토어 사업' 등 지역 자원을 잘 활용해 지방자치 발전에 크게 이바지한 점을 높게 평가받았다. 행정의 온기가 모든 시민들께 닿도록 차곡차곡 준비하고 꼼꼼히 추진하겠다. ··· 2023.10.10.

제16회 대한민국 소통어워즈 대상 수상

부천시가 제16회 대한민국 소통어워즈 대상을 수상했다. 대한민국 소셜미디어 대상 기초자치단체 부문, 대한민국 디지털콘텐츠 대상 시리즈콘텐츠 부문에서 각각 대상을 받는 쾌거를 이뤘다. '소통'을 민선 8기 시정운영 핵심가치로 실천해 온 만

큼 참으로 뜻 깊다.

올해로 24년의 역사를 가진 시정소식지 <복사골부천>도 2023 대한민국 커뮤니케이션 대상 문화체육관광부 장관상을 받았다. 지난해에 이어 2년 연속 수상으로, 특히 온라인 소통의 시대에 정보 소외 계층을 포용하는 홍보 매체 역할을 할 수 있도록 노력했다. 앞으로도 온라인과 오프라인에서, 새로운 매체와 콘텐츠를 발굴해 나가고 MZ세대부터 정보소외계층까지 모두와 소통하는 부천이 되도록 최선을 다하겠다. ··· 2023.11.27.

2023 대한민국 공공성 실천대상 수상

2023 대한민국 공공성 실천대상을 받았다. 시민과 함께 지속적으로 공공성을 실천한 인물을 선정한 것이라 한다. 시민참여로 이뤄낸 지역사회복지 구현 사례로 수상하게 돼 더욱 뜻 깊었다.

안전하고 따뜻한 도시 만들기에 적극 동참해주신 우리 부천시민 덕분이다. 늘 시민과 함께 소통하며, 공공성이 더욱 확산되는 정책을 계속 추진해 나가겠다. ··· 2023.12.7.

고충 민원 처리 최우수기관에 선정되다

부천시는 국민권익위원회 주관 '2023년도 고충 민원 처리실태 평가'에서 6년 연속으로 최우수 등급인 '가' 기관에 선정됐다. 특히 고충 민원 처리 활동 평가 결과에서 동일 평가군에 속한 75개 기초자치단체의 평균 점수74.38점보다 월등히 높은 100점을 받았다.

부천시는 시민 권리침해 및 고충 민원을 선제적으로 해소하고, 민원 서비스의 품질을 더 높이기 위해 시장 직속 소통담당관을 신설했다. 이를 통해 시민의 목소리에 귀를 더 기울이겠다. 활발한 시민 소통과 민원 청취로 시민이 겪는 어려움을 해소하는 데에 최선을 다하겠다. ··· 2024.2.20.

경기도 자체감사활동 평가
4년 연속 최우수 선정

부천시가 2024년 경기도 자체감사활동 평가에서 1위에 해당하는 '최우수상'을 받았다. 지난 2021년부터 4년 연속 최우수기관 선정이다. 시민의 행복을 위해 묵묵히 땀 흘리고 있는 부천시 공직자들의 노력이 인정받아 마음이 무척이나 기쁘다.

부천시는 감사원 자체감사활동 심사 4년 연속 최고등급 달성, 국민권익위원회 공공기관 종합청렴도 평가 12년 연속 청렴도 우수기관 선정, 행정안전부 자율적 내부통제 운영 평가 대통령상 수상 등 감사·청렴 분야에서 매년 우수한 성과를 창출하고 있다.

이 같은 성취를 계속 이뤄온 부천시 공직자들이 정말 자랑스럽다. 더 청렴하고 적극적인 자세로 시민들에게 신뢰를 받는 부천시가 되겠다.

2024.3.29.

상동호수공원, 아름다운 도시숲 50선 선정

부천 상동호수공원이 산림청 주관 '아름다운 도시숲 50선'에 선정됐다. 총 3,062명의 국민께서 추천해주신 도시숲 916곳을 두고 심사를 거쳐 최종 선정한 결과이다. 특히 '주민참여형 도시숲'으로 좋은 평가를 얻었다.

2024년을 기준으로 현재 부천시 75개 단체가 모인 총 4,000여 명의 시민운영단이 텃밭 가꾸기 등 도시농업을 비롯해 다채로운 생태·환경·문화 프로그램으로 상동호수공원을 풍성하게 꾸미고 있다. 시민이 직접 참여해 가꾸는 '시민의 공간'인 셈이다. 연평균 200만 명의 시민이 다녀갈 만큼 폭넓게 사랑받고 있다.

상동호수공원은 도시에 녹색 활력을 더하고, 시민의 일상에 건강과 여가를 제공하는 부천시 대표 녹지공간이다. 공원 내 자리한 부천호수식물원 수피아도 많은 분이 방문하고 있다. ··· 2024.8.6.

참좋은 지방자치 우수정책 발표대회 '대상' 수상

부천시가 참좋은지방정부협의회가 주최한 '2024년 참좋은 지방자치 우수정책 발표대회'에서 대상참좋은지방정부협의회장상을 수상했다.

시상식에서는 '어디서나! 누구나! 언제나! 소통에 진심인 부천'을 주제로 현답부천·부천톡톡·경청지혜 온ON·부천알리미 등 시민의 마음을 살피기 위해 운영하고 있는 다양한 온·오프라인 소통 채널을 직접 소개했다.

시민의 작은 목소리도 놓치지 않도록 경청하고 소통하려는 노력이 인정받아 무척이나 기쁘다. 앞으로도 귀 기울여 경청하면 사람의 마음을 얻을 수 있다는 이청득심以聽得心의 자세로 시민의 마음을 얻는 부천시를 만들겠다. ··· 2024.11.29.

행안부 주관 지방자치단체 혁신평가 우수기관 선정

부천시가 행정안전부 주관 지방자치단체 혁신평가에서 2년 연속2023, 2024 우수기관에 선정됐다. 시민이 체감할 수 있는 혁신 성과를 창출한 점에서 높은 평가를 받았는데, 특히 △기관장의 혁신 리더십 △혁신 활동 △칸막이 해소 및 협력 △국민 체감도 등에서 호평을 얻었다.

부천시는 이와 아울러 지방규제혁신 평가 부문에서는 역대 최고 성적을 달성했다. '2024년 지방규제혁신 성과평가'에서 행정안전부 장관상을, '2024년 등록규제 일제정비 실적평가'에서는 기초단체 그룹 전국 2위를 차지하는 성과를 거둔 것이다. 이에 따른 포상금으로 특별교부세 2억 원도 확보하는 겹경사가 있었다.

민선 8기 부천시가 다양한 분야에서 소통과 참여, 시민 행복의 가치를 실현하고자 노력한 점이 인정받아 기쁘다. 시민들께서 체감하고 만족할 수 있는 행정 혁신을 계속해서 이룰 수 있도록 부천시 공직자들과 끊임없이 고민하고 실천하겠다. ⋯ 2025.3.4.

더불어민주당 지방자치대상에서 '혁신'을 인정받다

부천시가 더불어민주당 지방자치대상에서 '혁신'을 인정받았다. 더불어민주당 지방자치대상에서 종합평가 재정분권 부문 최우수상과 혁신정책상을 수상했다. 특히 <전국 최초 부천형 스마트경로당>이 혁신적인 정책으로 큰 주목을 받았다.

부천형 스마트경로당은 ICT 화상플랫폼, IoT 헬스케어, IoT 스마트팜 등에 대한 운영 만족도가 90점에 이르는 등 어르신으로부터 많은 사랑을 받고 있다. 부천시는 여기에 더하여 맞춤형 치매 예방, 키오스크 등 디지털 교육 프로그램을 새롭게 추진하기로 했다. 또한 현재 45곳인 부천 스마트경로당 수도 2026년까지 150곳으로 늘릴 계획이다.

부천시는 풀뿌리부터 행복한 지역밀착, 시민친화 혁신정책을 지속적으로 펼쳐 더불어민주당의 가치와 철학을 앞장서 실천하겠다. ⋯ 2025.2.10.

'부천의 새 얼굴'이
독일 디자인 어워드 본상을 수상하다

부천시 통합 도시브랜드가 2025년 독일 디자인 어워드German Design Award, GDA 우수 커뮤니케이션 디자인 브랜드 아이덴티티 부문에서 '본상winner'을 수상했다.

지난 1969년 시작된 독일 디자인 어워드는 국제 디자인 경연의 '챔피언십 대회'로 불리는 세계적 권위를 가진 상이다.

전국 자치단체 중 최초로 도시 아이덴티티 개념을 도입하고, 부천시만의 명확한 언어 기호인 이름을 기반으로 표현한 점이 높은 점수를 받았다. 또한 국문 표기 부천의 초성 'ㅂ'과 영문 표기 bucheon의 첫 알파벳 'b'를 결합한 최초의 국영문 혼합 브랜드로 차별화된 방식을 시도하고, 도시의 특징인 다양성·연결성·역동성을 나타낸 점도 호평을 얻었다.

부천시는 기존에 병행 사용했던 도시 아이덴티티CI와 도시 브랜드 BI를 하나로 합친 통합 도시 브랜드를 도입했다. 개발 과정에는 총 15,321명의 시민이 참여했으며, 도시 공간·시설물·홍보 매체 등 모든 분야에서 부천의 대표 상징물로 활용되고 있다.

브랜드는 단순한 기호와 디자인을 넘어 도시 이미지와 경쟁력을 압축적으로 표현하는 핵심 가치이다. 부천시는 독일 디자인 어워드 본상 수상을 계기로 창의성이 빛나는 문화도시, 미래로 나아가는 첨단 도시로서의 도시 이미지와 경쟁력을 높이는 일에 더욱 박차를 가하겠다.

2024.10.25.

매니페스토 우수사례 경진대회 2년 연속 최우수상 수상

부천시가 '2025 전국기초단체장 매니페스토 우수사례 경진대회' 사회적 자본 분야에서 최우수상을 받았다. 지난해 '부천형 스마트 안전부천 시스템'으로 공동체 강화 분야 최우수상을 수상한 데 이어 2년 연속 최우수상 수상이다.

2025년 올해 부천시는 '지속 가능한 미래, 거버넌스에서 답을 찾다'를 주제로, 민선 8기에서 6년 만에 복원한 '부천시 지속가능발전협의회' 중심 부천형 민·관 거버넌스 체계 구축을 발표했다.

△시민대학 △찾아가는 SDGs 마을학교 △시민활동가 양성 △부천둘레길 모니터링 △줍줍워킹 △대학생·공무원이 함께한 혁신나래연구단 정책 연구모임 △부천형 지속가능발전목표B-SDGs 수립 △지속가능발전 콘퍼런스 개최 등 교육·환경·협력을 포괄하는 폭넓은 분야에서의 추진 사례를 소개했다.

2년 연속 최우수상 수상은 부천시민들과 함께 이룬 쾌거이다. 부천시는 앞으로도 지역 맞춤형 의제를 구체화하고, 유네스코 지속가능발전교육 공식 프로젝트 인증을 추진해 로컬 SDGs 선도도시로의 도약을 힘 있게 추진하겠다. ⋯ 2025.7.24.

지방정부 성과관리 최우수기관으로 선정되다

이재명 대통령께서 최근 진행된 고위공직자 워크숍 강연에서 조직 역량 강화를 위해 성과 중심의 공직 문화가 조성돼야 함을 강조하셨다. 부천시는 대통령님께서 말씀하신 내용을 일선 행정현장에서 효과적으로 실천하기 위해 성과관리 제도를 꾸준히 운영해왔다. 그와 동시에 성과와 보상을 연계하는 노력을 지속적으로 기울여왔다.

그 결과 올해 '지방정부 성과관리 수준 평가'에서 최우수기관으로 선정됨으로써 부천시가 실천해온 성과 중심 행정 체계의 우수성을 대외적으로 크게 입증할 수 있었다. 이는 책임 있는 행정과 실효성 높은 정책으로 시민의 삶을 더욱 살뜰히 챙기기 위한 부천시의 땀방울이 만든 결실로 평가되고 있다. 부천의 성과가 곧 시민의 자부심이라는 마음가짐으로 최선을 다하겠다. ⋯ 2025.9.2.

부천FC1995 U-18 유스팀, 전국대회 우승

부천FC1995 U-18 유스팀이 전국대회 우승을 차지했다. 제47회 문화체육관광부장관배 전국고등학교 축구대회 결승전에서 상대 팀을 3:2로 꺾고 승리를 거머쥐었다. 이번 승리는 지난 2020년 전국대회 우승 이후 5년 만에 다시 한 번 이룬 쾌거이다. 어린 선수들의 귀한 땀방울이 값진 성과를 거둬 시민의 한 사람으로서 매우 기쁘다. 땀 흘리는 사람에게 한계는 없다. 자랑스럽고 대견한 우리 선수들이 더 멋지게 성장해 원하는 꿈을 이루길 진심으로 응원하겠다. ··· 2025.2.28.

한국만화박물관 누적 관람객 400만 돌파

대한민국에서 유일한 만화전문박물관인 '한국만화박물관'이 누적 관람객 400만 명을 돌파했다. 지난 2001년 개관 이후 사반세기 가까운 시간 동안 사랑해주신 많은 시민과 관람객들께 깊은 감사를 드린다. 덕분에 한국만화박물관이 대한제국 시절부터 현대에 이르는 광대한 한국의 만화역사를 품은 대표 관광지이자 문화공간으로 자리 잡을 수 있었다.

올해는 광복 80주년 기념 특별전시전 '아주 보통의 하루'를 진행했다. 검열과 침묵의 시대를 지나 다시 말할 수 있게 된 만화의 자취를 따라가며, 당시 한국 사회가 품었던 감정·일상·희망의 조각들을 되짚어볼 수 있었다. 세계를 주름잡는 K-콘텐츠의 중심에 '만화도시 부천'이 우뚝 설 수 있도록 부천시는 끊임없는 노력을 계속 쏟겠다. ··· 2025.5.7.

4.
현장에서
답을 찾다

시민들과의 눈높이 대화

시민 여러분과 마주 보고 대화했다. 부천은 시민이 이끄는, 시민이 만들어 가는 '시민주권도시'라는 사실을 실감하는 귀한 시간이었다.

이날 행사에서는 택시 해설사, 안전 라이더, 다둥이 엄마, 자원봉사자, 환경미화원, 축구선수, 이주민지원, 다문화 가정 등 각자의 삶에서 주인공으로서 값진 서사를 써 내려가는 여덟 시민의 이야기를 직접 들을 수 있어 반갑고 기뻤다.

우리 시민들께서 쏟은 땀방울이 더 빛날 수 있도록 부천시는 멈추지 않고 노력하겠다. 그리고 쓴소리를 해주신 시민들께도 고마운 마음을 전하고 싶다.

몸에 좋은 약이 입에 쓰듯, 오늘 전해주신 따끔한 충고를 발전의 동력으로 삼겠다. 예정된 시간을 넘길 정도로 열정적으로 참여해주신 데 대해 감사의 말씀을 드린다. 허심탄회하게 다가가 대화하는 것만큼 좋은 게 없기 때문이다.

2025.6.25.

현장에서 답을 찾는 '어쩌다 동장'-상2동

상2동 행정복지센터를 찾아 최일선에서 애써주시는 통장님들을 뵙고 소통하는 자리를 가졌다. 어쩌다 동장으로서 회의를 주재하며 시민의 행복을 위해 함께 더 노력하자고 마음을 모았다. 이어서 주민자치 프로그램으로 진행된 스포츠댄스를 체험하고, 상동 시민의강 환경정비에 나섰다.

상동호수공원에서는 시민과 둥글게 모여 앉아 허심탄회한 대화를 나눴다. 가로등 정비부터 변전소 설치 문제까지 우리의 삶과 밀착된 다양한 이야기가 진솔하게 오갔다.

현장에서 고생하시는 분들의 수고를 깊이 느낄 수 있었던 좋은 시간이었다. ···
2024.4.16.

현장에서 답을 찾는 '어쩌다 동장'-송내2동

'어쩌다 동장', 오늘은 소사구 송내2동으로 출동했다. 사진 촬영부터 주민등록증 발급까지 한 번에 해결하는 원스톱 서비스와 청사 옥상에 조성된 공유텃밭 등을 둘러보고 지역사회보장협의체 위원님들과 소통하는 시간을 가졌다. 특히 사진 촬영-주민등록증 발급 원스톱 서비스는 거동이 불편한 주민들로부터 호응이 좋은, 송내2동 행정복지센터에서만 누릴 수 있는 '작지만 큰 복지행정'이었다.

이어 주민자치 프로그램으로 진행된 탁구교실에 참여하고, 여름철 집중호우에 대비하기 위해 자율방재단 등 지역주민들과 성주산 일원 배수로 정비에 나섰다. 지역의 발전과 안전을 위해 항상 땀 흘리고 계신 모든 분들께 감사의 말씀을 드린다. 흘리신 땀이 부천시민의 삶을 가꾸는 소중한 자양분이 될 것이다. ··· 2024.5.4.

현장에서 답을 찾는 '어쩌다 동장'-고강본동

현장에서 답을 찾는 '어쩌다 동장' 프로젝트의 일환으로 오정구 고강본동으로 향했다. 고리울청춘농장에서 지역주민·도시농업활동가들과 작물을 수확하며 함께 구슬땀을 흘렸다.

고리울청춘농장은 사회적 약자를 대상으로 다양한 체험 프로그램을 제공하고, 어르신 일자리 창출에 기여하는 등 사회공헌에 크게 이바지해왔다. 수확한 농산물은 어버이날을 맞아 고강본동의 취약계층 어르신들께 전달해 드리기로 했다.

뒤이어 주민자치 프로그램인 라인댄스 수강생들과 대화를 나누고, 고리울 꿈드림 쿠킹클래스에 참여한 어린이들과 함께 케이크를 만들었다. 고사리 같은 작고 귀여운 손으로 이렇게 저렇게 케이크를 빚는 모습이 정말로 예뻤다. 지켜보는 것만으로도 케이크보다 달콤한 시간이었다.

그다음에는 고강선사유적공원에서 주민들과 플로깅을 하고, 지역 발전안을 두고 소통하는 자리를 가졌다. 언제나 지역과 주민 곁에 계시는 지역사회보장협의체, 주민자치회를 비롯한 모든 분께 감사의 말씀을 드린다. ··· 2024.5.7.

현장에서 답을 찾는 '어쩌다 동장'-상동

'어쩌다 동장', 행사의 일환으로 원미구 상동으로 출동했다. 먼저 현장에서 땀 흘리는 부천시 공직자들과 주민들을 만나 소통하는 시간을 가진 뒤 주민자치 프로그램인 노래교실에 참여했다. 이어 동 주민참여예산 사업 대상지인 솔안공원 산책로를 주민들과 함께 점검했다. 주민이 직접 발굴·제안한 사업이 예산편성 과정에 반영돼 추진된 것이기에 이번 현장 점검이 더 뜻 깊게 다가왔다.

구지마을 경로당을 찾아 사래이 1:19 사업도 함께했다. 사래이 1:19는 상동 7개 경로당과 동 단체를 1:1로 매칭해 어르신 말벗, 안부 확인, 소규모 시설 정비지원에 나서는 의미 있는 사업이다.

마지막으로 상동 주민들과 좀 더 심도 있게 대화를 나누는 자리를 마련했다. 상동은 신도시와 구도심이 어우러져 있는 지역인 만큼 1기 신도시 정비와 도심복합공공사업 등 다양한 주제가 다뤄졌다. 시민들께서 보내주신 더 큰 연대와 협력을 자양분 삼아 '함께 잘 사는 부천'을 만들겠다. ··· 2024.6.24.

현장에서 답을 찾는 '현답부천'-성곡동·심곡1동

따뜻한 지역공동체를 위해 땀 흘리는 마을활동가와 시민을 만났다. 오정구 성곡동에서 만난 오정권역 마을활동가들은 마을 그림 그리기, 청소년과 함께하는 그림책

제작·소통, 친환경 물품 만들기 등으로 '함께의 가치'를 실천하고 계셨다. 활동가들과 함께 친환경 비누를 만들고 환경 캠페인을 펼치며, 마을공동체 활동에 동참했다. 그다음 찾은 원미구 심곡1동에서는 어르신 청각 관리를 위해 청각사님이 발 벗고 나선 마을지니어스 '어르신 청각 관리 서비스 사업'을 참관했다. '마을지니어스'는 재능기부자의 전문성과 선한 마음을 바탕으로 진행되는 사업이다. 공인중개사, 이·미용사, 집 수리사 등 많은 분이 부천의 마을 곳곳에서 마을지니어스에 참여하고 계시다.

이어서 주민자치 프로그램으로 진행된 공진단 만들기를 체험하고, 지역사회보장협의체 위원님들과 집수리 봉사활동에 나섰다. 부천에는 이웃을 사랑하는 마음으로 부천을 더 포근하게 만들고 있는 고마운 분들이 참 많이 계시다. 부천시는 이 분들의 따스한 정성과 노력이 '자부심'이 될 수 있도록 더 많은 힘을 쏟겠다. ··· 2024.9.6.

현장에서 답을 찾는 '어쩌다 동장'-상1동

'어쩌다 동장', 오늘은 원미구 상1동으로 출동했다. 주민자치프로그램으로 진행되는 아기 환영 출생 축하 엽서도 함께 만들었다. 각자 정성스레 그린 캘리그래피가 매력적으로 느껴졌다.

이후 지역사회보장협의체 위원님들·통장님들과 로데오거리로 나가 복지사각지대 발굴 캠페인을 펼치고, 복사골문화센터에서 문화도시 시민위원 작作이님들과 만나 평소 갖고 있던 생각을 서로 진솔하게 털어놓았다.

복사골문화센터에 입주해 있는 여성창업·문화공간 일꿈터와 아이러브맘카페에서 창업과 육아로 분주한 하루를 보내고 있는 시민을 마주하고 소통하는 자리를 이어갔다.

각자의 자리에서 충실하게 삶을 꾸려나가는 시민 여러분을 뵐 때마다 언제나 큰 울림을 받는다. 우리 부천이 한 걸음씩 앞으로 나아갈 수 있는 원동력은 바로 시민들이 계시기 때문이다. ··· 2024.10.29.

현장에서 답을 찾는 '어쩌다 동장'-도당동

원미구 도당동 '1일 동장'이 되어 현장 곳곳에서 시민과 함께했다. 지역주민들께 활력 있는 일상을 제공하고 있는 주민자치프로그램을 찾아 전해주시는 말씀을 귀 기울여 담았다.

이어서 지역에서 행복한 변화를 이끌고 있는 마을공동체 활동가들과 부천시장애인직업재활시설 관계자들을 뵙고, 서로의 생각과 마음을 나누는 시간을 가졌다. 주민 여러분과 동 주민참여예산 사업 현장을 점검하고, 앞으로 함께 꾸려나갈 우리의 마을에 대해서도 이야기를 나눴다.

더 살기 좋은 도당동을 만드는 일에 힘껏 나서주시는 모든 분께 감사드린다. 부천시는 시민들께서 흘리신 귀한 땀방울이 아름다운 결실로 이어질 수 있도록 민생 챙기기에 최선을 다하겠다. ⋯ 2024.11.13.

현장에서 답을 찾는 '어쩌다 동장'-중동

원미구 중동 '1일 동장'이 되어 시민과 함께했다. 먼저 중동 주민들께서 겨울철 어려운 이웃을 돕기 위해 마련한 사랑의 김장김치 나눔 봉사에 일손을 보탰다. 그에 뒤이어 중동119안전센터를 찾아 안전 지키기 최일선에서 땀 흘리고 있는 소방관 대원들을 만나 현장의 이야기를 듣고 고마운 마음을 전했다.

주민자치프로그램, 부천시아동청소년정신건강복지센터, 중동 행정복지센터에서는 현장과 일상을 아우르는 진솔한 대화의 시간을 가졌다. 마을과 이웃을 위한 크고 작은 일에 언제나 함께해주시는 시민께 감사드린다. 시민들의 따뜻한 마음처럼 우리 부천이 더 행복한 도시가 될 수 있도록 더욱더 경청하고 노력하겠다. ⋯ 2024.11.18.

원미·소사·오정 3개 구 37개 동
새해 인사를 모두 마치다

원미구와 소사구, 오정구의 시민들을 차례로 뵙고 올해 시정계획과 비전에 관한 설명을 드렸다. 이로써 부천시 관내 37개 동을 대상으로 한 시정보고와 새해 인사회를 모두 마쳤다.

이번에 설명드린 사업들은 지역구 국회의원님, 도·시의원님들과 긴밀히 협력해 차질 없이 추진하겠다. 또한 이번 시정보고회를 통해 수렴한 시민 여러분의 말씀들을 꼼꼼하게 살펴 시정 발전을 위한 자양분으로 선용하겠다.

체감온도가 영하 10도를 밑도는 추운 날씨에도 귀한 시간 내어 함께 해주신 모든 분께 감사드린다. 전해주신 소중한 말씀들 하나하나 값지게 여겨 새기고 또 새기겠다.

따뜻한 마음으로 이웃을 살피고 지역에 봉사하시는 많은 분을 만나 뵈며 큰 힘을 얻었다. 더 좋은 시정, 더 나은 부천의 미래로 보답하겠다. 부천시민이 정말 존경스럽고 자랑스럽다.

경제도약과 공간복지 실현으로 도시의 대전환을 이끌고, 지역의 작은 현안들까지도 빈틈없이 챙기는 유능한 부천시가 되겠다.

2025.2.21.

소통으로 혁신하는 부천시

부천시 직원들과 마주 보고 허심탄회하게 소통하는 자리를 가졌다. 개인적 질문부터 평소 갖고 있던 바람, 10~20년 뒤 부천의 모습까지, 다채로운 생각과 대답이 이어졌다. 그리고 우리 직원들이 연단에 서서 직접 새로운 변화를 제안하고 정책 모범사례를 공유하며 '혁신과 성공'을 논의했다.

이 자리에서는 부천 관내 대학생들이 세계탐방 프로젝트를 통해 얻은 아이디어를 바탕으로 참신한 정책 제안을 내놓기도 했다. 우리 안팎의 크고 작은 것들을 소탈하게 이야기하고, 소통이 혁신의 첫걸음이라는 마음으로 더 많은 대화를 나누고 더 깊게 공감하도록 노력하겠다. ··· 2025.2.5.

국민주권 대한민국을 위한 동장회의

부천시 37개 동장 소통 회의를 열고, 이재명 정부 정책 기조와 발맞춘 공직자들의 기민한 변화와 대응을 주문했다. 특히 이재명 대통령께서 강조하시는 대로, 민원 하나하나에도 시민의 입장에서 공감하고, 불편함을 덜어드릴 수 있도록 최선을 다하기로 뜻을 모았다.

이와 아울러 △적극적인 민생회복 소비쿠폰 홍보·안내·신청 접수 운영 △철저한 여름철 재난안전 대비 △지속적인 투표율 제고 방안 모색 등을 논의했다. 이재명 정부의 정책 기조를 민생현장 최일선에서 실천하겠다. 국민주권 대한민국의 기반을 부천시가 앞장서 다져나가겠다. ··· 2025.7.11.

이재명 정부 국정기획위원회 국정과제 대응 TF 본격 운영

이재명 정부 국정기획위원회가 제시한 123개 국정과제와 관련된 주요 시정 현안을 정부 부처 세부 실행계획에 반영하기 위한 '국정과제 전담조직TF'을 본격적으로 운영한다. 이재명 정부의 국정운영 5개년 계획에 발맞춰 부천시 미래혁신 실천전략을 선제적으로 수립하고, 각 부처의 구체적 실행계획에 이를 적극 반영하고자 한다.

부천시는 이번 TF 운영을 통해 국정과제와 연계된 웹툰 등 K-콘텐츠 산업 육성, 중동 1기 신도시 재건축, 경인선 지하화, GTX-B 조기 착공 및 GTX-D·E·F 신설 등을 중

점적으로 다룰 계획이다. 국정과제 세부 내용을 면밀히 분석해 시의 연관 사업을 능동적으로 계속 발굴하면서 국비 확보를 위한 전략 마련에도 성심껏 임하겠다. … 2025.8.14.

'이재명 정부 국정기조 실천 민원 실무토론회' 개최

부천시 각 부서 실무자 및 팀장들과 함께 '이재명 정부 국정기조 실천 민원 실무토론회'를 진행했다. 부천시는 이재명 정부가 힘을 쏟고 있는 민생·경제 분야를 주제로 하는 실무자 토론회를 지난달인 2025년 7월에 이미 한 차례 선도적으로 개최한 바 있다.

두 번째 토론회인 오늘 토론회에서는 정책 수요자 입장을 고려한 실질적 민원 처리 방안과 실제 사례를 공유하고, 실무자로서 평소 겪는 어려움들을 토로하며 서로를 격려했다. 그중 지난해 경기도 적극행정 우수사례 장려상으로 선정된 원미구 상동 지역의 성과가 관심을 모았다. 이는 보안·안전 문제로 30여 년간 막혀 있던 지역법원과 검찰청 사이의 연결통로를 담당자의 적극적 중재와 주민 의견수렴으로 개방해 주민들이 이용할 수 있는 열린 공간으로 탈바꿈시킨 사례이다.

토론회를 진행하며 민원을 바라보는 공직자의 태도와 문제를 풀어나가려는 의지가 참으로 중요하다는 사실을 다시금 깨달았다. 시민과 공직자 모두가 존중받는 민원 행정을 실현하고, 주권자인 시민들께서 겪고 계신 문제들을 끈질기게 해결하는 부천시가 되도록 앞으로도 꾸준한 노력을 기울이겠다. … 2025.8.20.

취임 100일,
시민들로부터 지혜를 구하다

취임 100일을 맞아 시민의 목소리에 귀 기울이는 시간을 가졌다. 말하기보다 듣는 것이 중요하다 생각했다.

'경청지혜, 시민의 지혜를 듣습니다'라는 이름으로 마련된 자리에서 시민들을 만났다.

지적장애 평화첼리스트 배범준 군의 어머니 김태영 님, 옥길동 마을 활동가 김종선 님, 청년기업 도서출판 모래알의 김시연 님, 네 자녀를 키우는 심리코칭 전문가 임주리 님의 생생한 삶의 이야기를 전해 들었다. 마치 한 편의 인문학 강의를 듣는 것만 같았다.

부천만큼 가로수가 다양하고 풍성한 곳이 없으니 도심 속 나무와 자연을 잘 보존해달라던 나무칼럼리스트 고규홍 님의 말씀도 인상 깊었다.

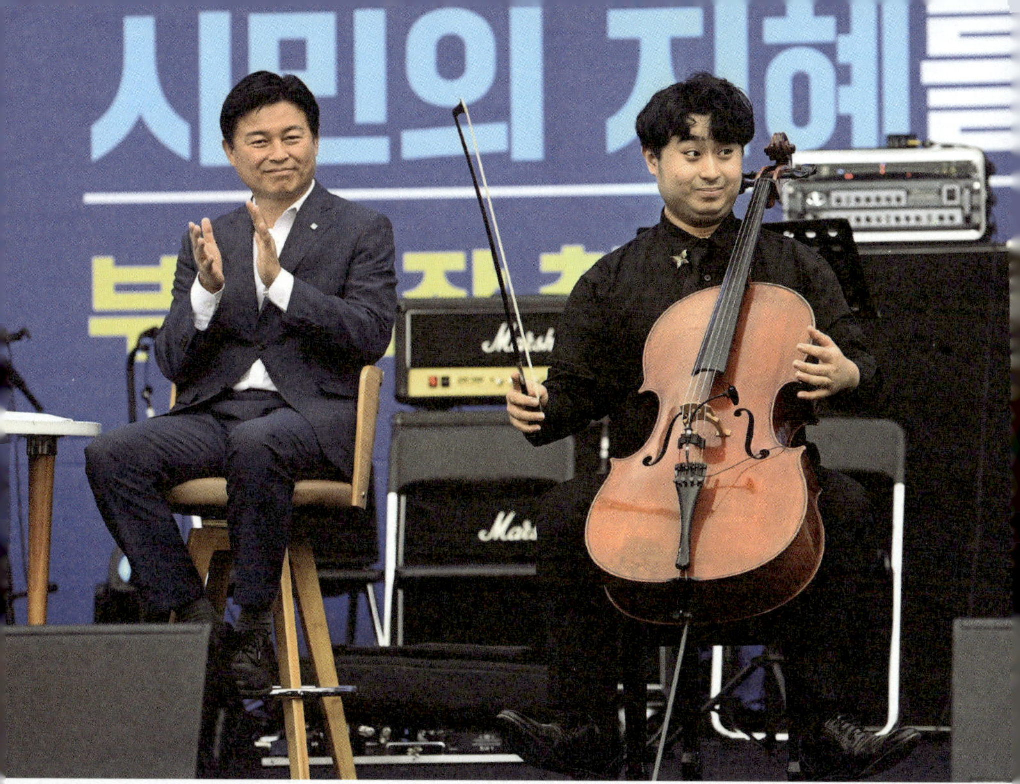
시민의 지혜

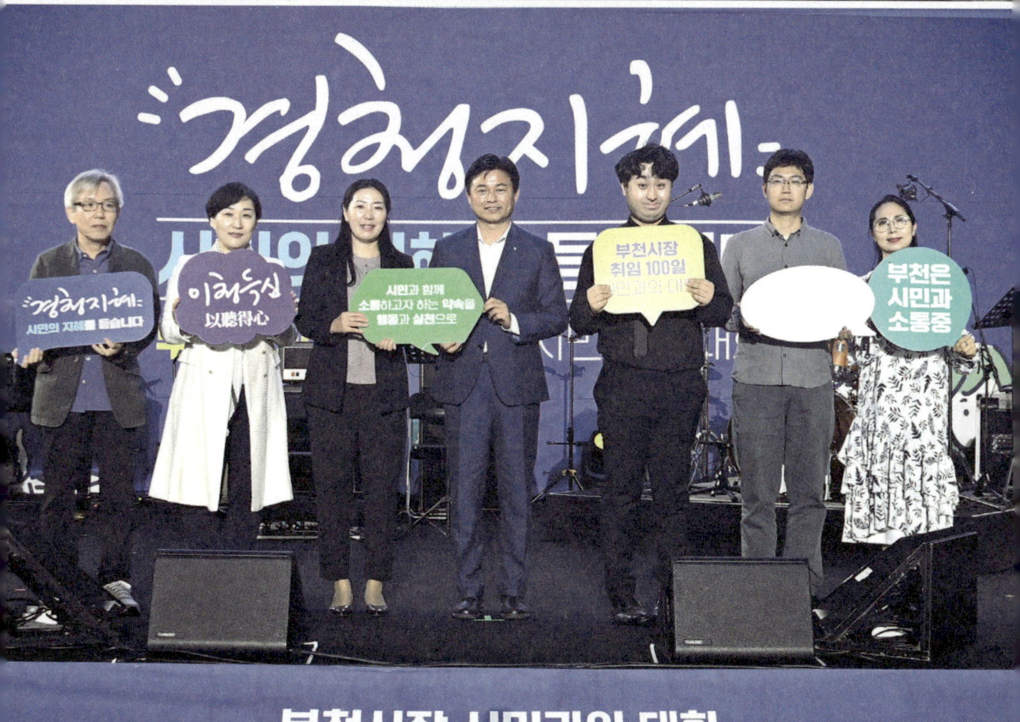
경험지혜
경험지혜 시민의 지혜를 듣습니다
이청득심
以聽得心
시민과 함께 소통하고자 하는 약속을 행동과 실천으로
부천시장 취임 100일
부천은 시민과 소통중

부천시장 시민과의 대화

시민의 관심과 성원 덕분에 지난 100일을 열심히 달려올 수 있었다.
해야 할 일이 많은 만큼, 더 많이 땀 흘리도록 하겠다.

2022.10.7.

월드컵 16강의 기적! 김영권 선수가 부천에 떴다

카타르 월드컵에서 대한민국의 16강 기적을 쏘아올린 김영권 선수가 부천시청을 방문했다. 시청 로비에서 부천핸썹의 에스코트를 받으며 등장한 그는 많은 시민과 뜨겁게 환영인사를 나눴다.

김영권 선수는 2002년부터 결혼 전까지 부천에 살았고, 아버지도 현재 부천에 살면서 그의 이름을 딴 유소년 축구클럽을 운영하고 있다. '중요한 건 꺾이지 않는 마음'이라는 사실을 일깨워준 부천의 자랑 김영권 선수와 황희찬 선수를 비롯한 태극전사들에게 진심으로 고맙다. ··· 2022.12.19.

경로당에 부천시장이 처음 왔어!

"경로당 회장 8년 하는데 부천시장은 처음 왔어!"

추석 명절을 앞두고 찾은 경로당에서 한 어르신이 이렇게 말씀하셨다. 덕담으로 하신 말씀이라 생각한다. 그만큼 자주 소통하고 잘 챙기라는 뜻으로 새겨들었다.

지금의 대한민국을 이룩하는 데에 헌신해 오신 어르신들을 잘 모셔야 한다. 노인복지에 팍팍 지원하고 싶은데, 마음 만큼 못해서 송구할 따름이다.

부천시는 어르신 편의를 위한 식탁·소파 등 입식 좌석 물품을 지원했고, 전국 최초로 시행한 '찾아가는 안마버스'를 운영하며 치매 선별검사·구강 보건교육 등 건강생활 서비스를 꾸준히 지원하고 있다. 연륜과 지혜로 우리 부천을 만들어 오신 어르신들이 행복하도록, 부천시장으로서 최선을 다하겠다.

"어르신들! 건강하세요!" ··· 2023.9.18.

신중년 남성을 위한 요리 프로그램에 참여하다

부천시 인생이모작지원센터에서 운영하는 신중년 남성을 위한 이모작 지원 프로그램 '행복을 요리하는 남자'에 참여했다. 꼭 함께하고 싶었던 프로그램이기에 설렘과 기대감이 컸다. 시장이 프로그램에 참여한 것은 설립 이래 처음이라고 한다.

오늘의 요리는 해물누룽지탕이었다. 열정 가득한 눈빛으로 요리에 집중하는 참가자분들을 보니 같은 '신중년'이자 '요리 초보'로서 느끼는 바가 많았다.

부천시 인생이모작지원센터는 지난 2016년 기초 지방자치단체 최초로 설립된 중장년 지원 기관이다. 부천시 신중년50~64세 인구는 전체의 약 27%에 달할 만큼 큰 비중을 차지하고 있다. 더 많은 신중년 시민이 한층 유익하고 다채로운 인생 2막 프로그램을 누릴 수 있도록 부천시 차원에서 전폭적인 지원과 노력을 아끼지 않겠다. … 2024.3.4.

시민과 함께하는 새봄맞이 환경정비-심곡본1동
시민과 함께 2024년 4월 새봄맞이 환경정비에 나섰다. 소사구 심곡본1동 주민·단체원 등 시민 50여 명과 동네 곳곳을 청소하고, '깊은 구지 느티나무 고사목' 주변을 정비하며 새로이 다가온 봄을 환대했다.

이와 함께 봄꽃으로 화단을 조성해 심곡본1동을 한층 산뜻하게 꾸몄다. 2024년 1월 3개 구 및 37개 일반동으로 행정 체제를 전환한 후 처음 진행한 환경정비였다.

부천시는 37개 동 시민과 매월 두 차례 환경정비를 함께할 계획이다. 우리의 손으로 한껏 쾌적해진 거리를 보며 보람을 느낄 수 있기를, 더 많은 시민과 이러한 긍지와 자부심을 함께 가슴에 간직할 수 있기를 희망한다. 시민들이야말로 부천의 진정한 주인공이시다. … 2024.4.18.

시민과 함께하는 우리동네 가꾸기-신흥동
오정구 신흥동에서 환경정비를 함께했다. 신흥동을 위해 언제나 애써주시는 주민·단체원 등 시민 40여 명과 지역 곳곳을 청소하고, 꽃모종을 심었다.

신흥동은 약 6,000여 개의 기업이 모여 있는 부천시 산업의 중심지이다. 신흥동(新興洞)이라는 젊고 씩씩한 동네 이름과 명실상부하도록 이 지역의 융성과 발전을 위해 시민들과 함께 힘과 지혜를 모으겠다. … 2024.5.2.

5.
시민과 함께하다

소통과 공감으로 부천시민의 자부심을 드높이겠습니다

시민과 함께 책으로 소통하고, 서로의 이야기에 경청하는 뜻 깊은 시간을 보냈다.

민선 8기 출범 2주년을 맞아 열린 '경청지혜 차이나는 북토크'에 『시대예보:핵개인의 시대』 송길영 작가를 초청해 변화하는 사회구조 속 개인의 삶과 이에 대응하는 방법에 대한 이야기를 나눴다.

세 살 쌍둥이를 키우는 워킹맘, 노년의 삶을 걱정하는 중년 직장인, 아픔을 딛고 새 삶을 일구고 있는 노신사 시민께서 전하는 이야기가 큰 울림을 전했다.

부천이 대한민국을 대표하는 문화도시라는 사실에 자부심을 느낀다는 시민의 말씀을 듣고는 우리 모두 큰 박수로 공감을 나눴다.

부천시민의 자부심을 더욱 드높이겠다. 문화와 경제가 함께 발전하는 지속가능 자족도시를 만들겠다. 오늘 시민들로부터 얻은 지혜를 지렛대 삼아 부천의 미래를 반석 위에 탄탄하게 올리도록 하겠다.

2024.6.14.

'나이'가 아니라
'나'이다
세대를 잇다
읽는 빅데이터,
2024
6.14 금 19:00

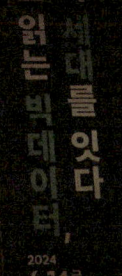

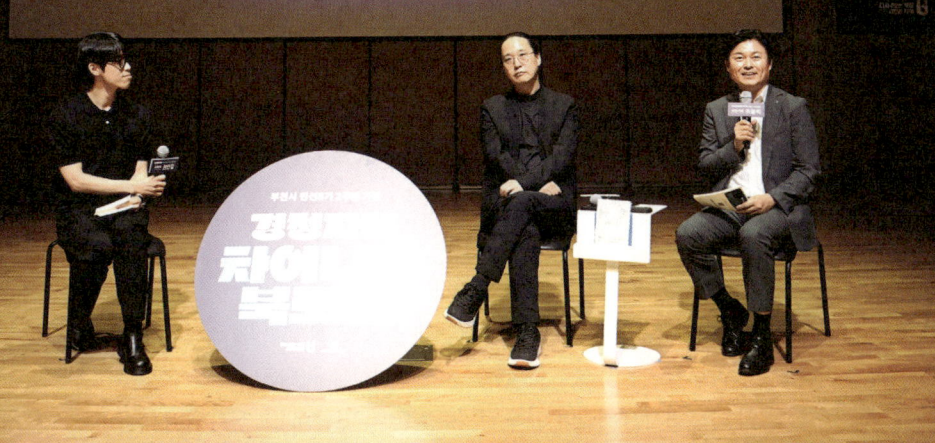

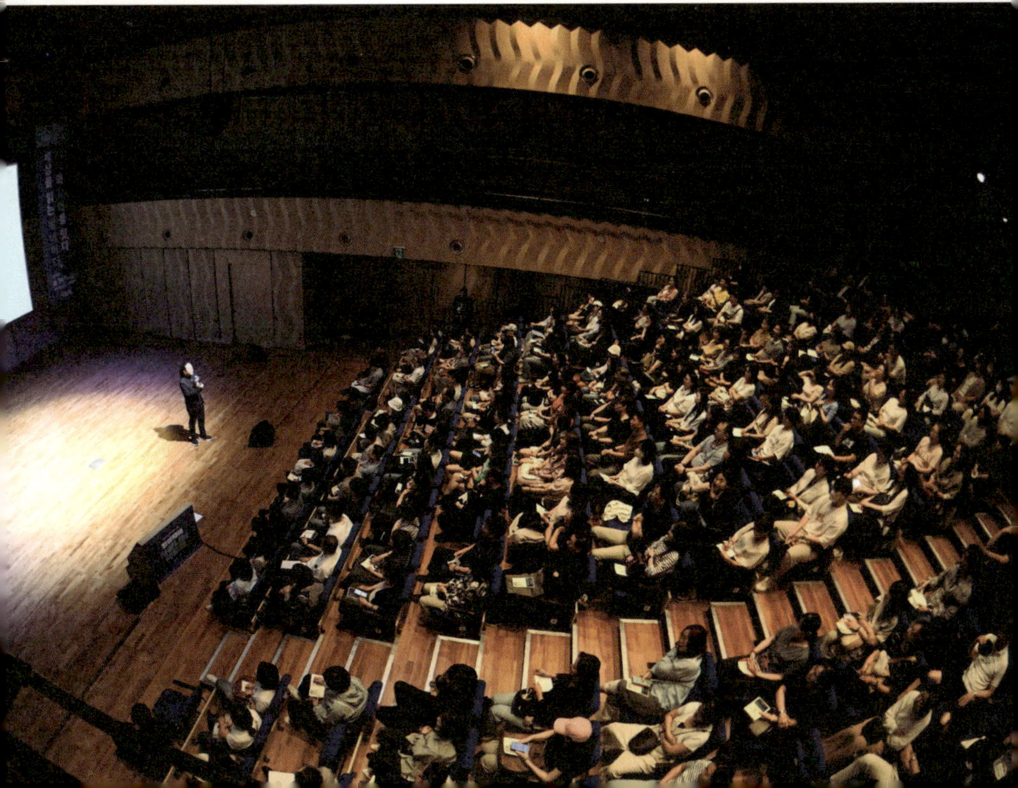

부천고 과학고 전환 추진 공동대책위 발족

부천시 과학고 설립을 찬성하는 정계·학부모·지역주민·교육 관계자들이 한마음이 돼 '부천고 과학고 전환 추진 공동대책위원회'를 발족했다. 부천시 초·중·고교 학부모, 송내1·2동 주민자치위원 등 지역대표, 전환 대상 학교인 부천고 동문, 과학교육 전문가 등 민간이 주도해 과학고 설립을 위한 협의체를 출범시킨 것이다. 부천 갑·을·병 지역구 국회의원실도 이에 참여해 힘을 실었다.

부천고 과학고 전환 추진 공동대책위원회 발족을 환영한다. 지역사회와 시민의 이와 같은 여론과 염원을 모아 과학고 설립을 이루고, 부천이 창의적 과학예술 융합 인재 양성의 중심지로 도약하도록 최선을 다하겠다. ··· 2024.7.5.

시민들과 함께 미래 교육도시 부천을 준비하다 2024.8.20.

청사 견학 프로그램 '210, 부천톡톡'을 통해 관내 초·중·고 학부모님들을 만나 우리 아이들이 살아갈 부천을 주제로 소통하는 시간을 가졌다. 아이들이 누릴 수 있는 체육시설이 더 많아지길 바라며, 교육 문제로 살던 지역을 떠나고 싶지 않은 마음을 전해주셨다.

현재 추진하고 있는 과학고 설립도 화두였다. 과학에 소질을 갖고 있는 영재를 발굴해 키워야 기초과학이 발전한다는 말씀, 부천은 문화 기반이 풍부해 창의융합교육에 적합하다는 말씀, 교육의 다양성과 진학 선택의 기회를 보장하기 위해 과학고가 필요하다는 말씀 모두 깊이 새겨들었다.

시민의 공감을 동력 삼아 과학고 설립에 더욱 박차를 가하겠다. 탄탄한 기초과학과 문화예술이 어우러져 미래를 꽃피우는 교육도시 부천을 향한 발걸음을 시민과 함께 과감히 내딛겠다. ··· 2024.7.5.

청년과 함께해 소중했던 순간, 영톡스클럽

부천시 소사구 소재 서울신학대학교에서 열린 '미래세대와의 대화, 영톡스클럽'에서 청년들을 만났다. 서울신학대학교는 100년이 훨씬 넘는 깊고 유구한 역사와 전통을 자랑하는 우리나라 대표 기독교 대학 중 하나로 부천의 커다란 자랑이기도 하다.

이 자리에서 청년 각자가 안고 있는 고민을 경청하고, 참석자들의 경험과 생각을 나누며 소통하는 소중한 시간을 가졌다. 나는 도전의 가치를 믿는 사람으로서 청년들에게 '도전하는 한 실패는 없다'는 메시지를 전하려 애썼다. 들녘에 푸른 새싹을 틔우듯 청년이 부천에서 거침없이 도전하고, 끊임없이 성취할 수 있도록 힘껏 돕겠다는 이야기도 전했다. ⋯ 2024.9.12.

한가위 보름달처럼 넉넉한 웃음이 가득하길

2024년 추석 명절을 앞두고 원종종합시장, 중동사랑시장, 부천상동시장, 역곡남부시장을 찾았다. 상인 한 분 한 분과 인사를 나누고, 전해주시는 목소리를 귀하게 담았다.

상인들께서는 계속되는 경기침체로 어려움이 많으실 텐데도 언제나처럼 웃음으로 반겨주셨다. 전통시장과 골목상권 곳곳에, 소상공인의 얼굴에 행복한 웃음이 번질 수 있도록 민생 챙기기에 온 힘을 쏟겠다. ⋯ 2024.9.13.

편견과 차별의 장벽을 허물다

'2024 부이연부천이종협동조합연합회과 함께하는 사랑 이야기 뚜버기대회'에 참가해 누구나 평등한 세상을 향해 걸었다. 장애인·비장애인·다문화인 참가자들과 상동호수공원을 거닐며, 연대와 협력의 가치를 되새겼다. 장애인·비장애인·다문화인 모두 같은 곳을 나란히 바라보며 어깨동무하고 함께하는 자리였다.

부천시는 무장애길·무장애 통합 놀이공간 조성, 장애인 대상 정보·의료 서비스 지원, 활동 지원 등 다양한 장애인 복지 정책을 추진하고 있다. 아울러 다문화자녀 이중 언어 교육, 결혼이민자 직업훈련, 외국인 대상 공무원 채용 및 주민자치회 참여 등 다채로운 평등·포용 정책도 펼치고 있다. 모두가 함께 어울릴 수 있도록 편견의 문턱을 낮추고 차별의 벽을 없애겠다. ⋯ 2024.9.26.

시민의 안전이 최우선이다

부천소방서 오정119안전센터에서 열린 부천시 직원 대상 완강기 사용법 1차 교육에 참여했다. 완강기 사용법 교육을 받은 뒤 실제 완강기를 사용한 화재 대피 훈련을 체험했다.

부천시는 완강기 사용법 교육을 꾸준히 확대해왔다. 부천시민이라면 누구나 사전 신청을 통해 완강기 사용법 교육 등 생활안전 체험에 참여할 수 있다. 부천소방서 오정119안전센터로 문의해 자세한 내용을 확인할 수 있으며, 더 많은 시민이 함께하셨으면 한다. 시민의 생명과 재산, 행복한 삶을 지키는 일이 최우선이자 기본이다. ···

2024.9.27.

부천시 독립운동 순국선열들의
위훈을 기리다

나라와 겨레를 위해 헌신하신 부천시 독립유공자 141분의 신위를 모시고, 순국선열들의 거룩한 위훈을 기렸다. 조국의 독립을 위해 고귀한 목숨을 바치신 부천시 순국선열들께 무한한 경의를 표하며, 삼가 머리 숙여 명복을 빌었다.

부천시 독립유공자들께서 보여주신 삶의 발자취는 우리 부천에 더없는 자부심의 원천이다. 성공적 기업 유치와 부천 대장 도시첨단산업단지 조성, 과학고 설립을 이뤄내 우리 부천을 더욱 자랑스럽게 만들어 그 숭고한 뜻을 발전적으로 이어가겠다.

2024.11.18.

할머니의 따뜻한 나눔에 감사드립니다

오정구 고강동에 거주하는 한 할머니께서 폐지와 깡통을 주워 모으신 55만 원을 어려운 이웃을 위해 써달라며 성곡동 복지팀에 기탁해주셨다.

할머니께서 보여주신 따뜻하고 존귀한 마음을 소중히 전하겠다. 부천시에 정말로 큰 힘이 되었다. 할머니께 진심으로 깊이 감사드린다. ··· 2024.12.19.

설맞이 민생현장을 살피다

설 명절을 앞두고 오정구 고리울동굴시장, 원미구 역곡상상시장, 소사구 소사종합시장을 찾아 민생현장을 살폈다. 직접 장을 보며 제수 물가를 살피고, 소비심리 위축으로 어려움을 겪고 있는 상인분들의 어려움을 듣는 시간을 가졌다.

전통시장에서 품질 좋은 물건을 값싸게 사는 슬기로운 소비생활에 많은 시민께서 동참해주시면 좋겠다. 부천시도 민생경제 회복을 위해 정책적 노력을 다하겠다. ··· 2025.1.21.

시민의 편안한 출퇴근길을 위해

2월의 마지막 날인 오늘 아침, 이건태 국회의원님과 옥길에서 역곡으로 향하는 10A번 버스에 올라 시민 출근길 현장을 점검했다. 옥길·범박 주민들께서 겪고 계시는 대중교통 혼잡도와 편의 수준을 직접 체감하고, 관련 부서 및 버스운송 사업자와 개선방안을 논의하는 시간을 가졌다.

옥길·범박에서 역곡역·온수역 등 지하철역까지 매일 오가시는 출퇴근길 발걸음을 조금이나마 가볍게 해드릴 수 있도록 계속 노력하겠다. ··· 2025.2.28.

해빙기 재해취약시설 안전에 최선을

날씨가 꽤 포근해졌다. 요즘 같은 봄철 해빙기는 겨우내 얼어있던 지반이 녹으면서 붕괴 위험이 높아지기 때문에 위험 요소를 사전에 점검하고 사고 예방에 힘써야 하는 시기이다.

이에 대비한 안전관리를 강화하기 위해 관계부서·안전관리 자문단·자율방재단 등

과 재해취약시설 현장 점검에 나섰다. 소사구 송내동과 소사본동을 차례로 찾아 대형공사장·급경사지_{도로절개지} 등의 안전사고 취약 시설을 꼼꼼히 살피고, 철저한 관리를 당부했다.

부천시는 2024년 12월부터 관내 붕괴위험지역 등 급경사지 2곳에 기울기·균열·온도 등 이상 징후를 실시간 자동 감지하는 사물인터넷_{IoT} 디지털 센서를 설치·운영하는 등 최첨단 기술을 활용한 안전관리에 많은 노력을 기울이고 있다. 아울러 2025년 2월 17일부터 시작한 해빙기 대비 취약시설 민관 합동 안전 점검을 같은 해 4월 15일까지 실시했다. 작은 위험 요소도 놓치지 않도록 면밀하게 살피겠다. ··· 2025.3.10.

장애 인식개선 행사 '420 공존, 우리의 일상'에 함께하다

장애 인식개선 행사 '420 공존, 우리의 일상'에 함께했다. 우리 사회의 공감과 희망을 키우는 뜻 깊은 행사였다.

장애인과 비장애인이 조화롭게 어울리는 평등한 세상을 만들기 위해 노력하시는 모든 분께 감사드린다. 차별과 편견을 덜어낼수록 우리의 행복은 기대 이상으로 커지고, 우리의 가슴은 상상 이상으로 따뜻해질 것이다. ··· 2025.4.20.

어버이날의 단상

5월 8일은 어버이날이다. 우리의 어르신들께서는 힘들었던 지난날을 굳건히 이겨내시고, 지금의 대한민국을 이룩하셨다. 소사노인복지관, 원미노인복지관을 각각 찾아 어르신들께 인사를 올리고 고마운 마음을 전해드렸다.

나는 이 세상 모든 부모님께 감사와 존경을 표하고 싶다. 어느 부모님은 아직 품 안의 어린아이를 따뜻이 감싸 안은 채 잠이 들고, 또 다른 부모님은 장성한 자녀들의 앞날을 걱정하며 하루하루 기도하고 계시다. 부모님들이 바라는 대로 자녀들 모두에게 좋은 일만 가득하면 좋겠다. 가족과 함께 항상 건강하고 행복하셨으면 좋겠다. ··· 2025.5.8.

장마철 시민 안전을 위해

장마가 시작된다는 일기예보가 있었다. 간부공무원들과 풍수해 대응 추진 상황을 다시 한 번 점검했다. 이재명 대통령께서 장마철 수해 대비에 철저히 나서시는 것에 발맞춰 부천시도 업무 긴장도를 한껏 높이고 있다. 때 이른 장마에 대비해 전체 직원 중 약 3분의 1을 투입해 빗물받이를 집중 정비했다.

부천시는 현재 침수위험도를 기준으로 정비 우선순위를 설정하고, 상황을 면밀히 살피고 있다. △상습 침수구간1순위 △지하층 밀집지역2순위 △준설이 이뤄지지 않은 일반 구간3순위으로 구분해 체계적 집중 관리에 나서고 있다. 빗물받이 일제 점검·정비 기간을 운영해 여름철 집중호우에 대비한 빗물받이 준설, 이물질 제거, 배수 상태 점검 등 선제적 조치를 지속 추진할 계획이다. ··· 2025.6.19.

시민과 함께한
제80주년 광복절 경축식

제80주년 광복절을 맞아 시민들과 함께 특별한 경축식을 거행했다.

일제강점기였던 1919년 부천에서 있었던 '소새리 만세운동'과 1927년 '소사역 하역노동자 동맹파업'을 연출한 창작 뮤지컬, 부천나라사랑 챌린지 플래시몹 등 다채로운 시민참여 행사로 빛을 되찾았던 그날을 한마음 한뜻으로 되새겼다.

아울러 이번에 초청한 카자흐스탄 독립운동가 채성룡 지사의 후손 김 올렉 님, 최봉설 지사의 후손 옘 예카테리나 님을 뵙고 감사와 경의를 표했다. 서슬 퍼런 일제의 억압과 핍박에 맞서서 강요된 침묵을 걷어내고, 스스로 주인이 되고자 했던 선조들의 위대한 용기와 숭고한 뜻을 다시금 되새겼다.

독립선열들께서 보여주신 강인한 의지와 헌신은 우리 역사에 깊이 새겨져 있다. 그 위대한 투쟁의 역사는 우리 세대와 후손들이 더 빛나고 반듯한 미래로 나아가도록 이끌어주는 길잡이가 되어 왔다.

부천시는 선조들께서 피와 땀, 눈물로 되찾은 이 땅의 역사와 우리 민족의 고결한 정신을 더욱 자랑스럽게 드높이겠다. 권력자가 아닌 모든 국민이 주인인 나라, 국민주권의 시대정신을 이재명 정부와 함께 실천해 나가겠다.

2025.8.15.

현장의 소리에 정답이 있다

광명~서울 고속도로 공사로 피해를 받고 계신 고강아파트 주민들께 다가가 직접 그분들의 목소리를 들었다. 서영석 국회의원님을 비롯한 오정 지역 도·시의원님들, 서울지방국토관리청, 오정경찰서 관계자들과 함께 업무보고를 받고, 발파 작업이 이뤄지는 현장을 찾았다.

지하터널 발파로 인한 진동과 소음으로 일상에서 느끼는 피해가 크다는 주민들의 말씀에 마음이 무거웠다. 주민들께서 전해주신 의견과 생각을 하나하나 귀하게 담고 돌아왔다. 하루속히 개선방안을 찾도록 최선을 다하겠다. … 2025.6.20.

옥길·범박권 광역교통 설명회 참석

이건태 국회의원님이 마련한 부천시 옥길·범박권 광역교통 현안 설명회에 함께했다. 이번 현안 설명회에는 맹성규 국회 국토교통위원장님도 참석해 제2경인선옥길·범박 경유 추진현황을 직접 발표했다.

이건태 국회의원님은 옥길·범박에서 서울 강남권을 오가는 광역버스 신설 건과 시내버스 노선 전철역천왕·온수역 등 접근성 강화 방안을 주민들께 설명했다. 이후 진행된 질의응답을 통해 적극적 의견수렴이 이뤄졌다.

옥길·범박 주민들께서는 오랜 기간 교통 불편을 겪어왔다. 부천시는 해당 지역 주민들께 보다 나은 교통 환경을 제공하기 위한 노력을 멈추지 않을 것이다. … 2025.6.20.

시민들과 함께하는 방역 활동

소사본동 자율방역단 등 소사구 소사본동 시민들과 함께 방역 활동을 펼쳤다. 2023년 원미구 심곡1동, 2024년 오정구 고강본동에 이어 올해도 시민들과 더불어 땀 흘리는 소중한 시간을 가졌다.

오늘은 산새공원과 인근 골목을 시작으로 윗소사어린이공원까지 집중 방역을 진행했다. 비처럼 쏟아지는 땀방울이 참으로 시원하게 느껴졌다. 더운 날씨에도 불구하고 방역에 동참해주신 시민들께 깊이 감사를 드린다.

부천시는 '방역 사각지대'가 생겨나지 않도록 현장 점검과 정화 활동에 힘쓰고 있다. 방역 취약지역을 중심으로 통합적 매개체 방역소독 1,759건을 추진하고 있으며, 태양광 해충기피제 자동분사기와 모기 유인퇴치기_{포충기}, 친환경 해충 유인 트랩 등을 설치·운영하는 중이다. 이재명 대통령께서 말씀하신 현장에서 답을 찾는 생활형 행정을 더욱 강화해 나가도록 하겠다. ⋯ 2025.8.7.

막장 유튜버·BJ 근절을 위해
시민들이 하나로 뭉쳤다

부천역 피노키오광장 일대에서 막장 방송을 하는 유튜버·BJ 근절을 위해 부천원미경찰서 중앙지구대와 공동으로 현장 점검을 펼쳤다. 이들로 인해 피해를 보고 있는 상인 대표들과 시민들의 목소리를 직접 청취하고, 이 문제를 반드시 해결하겠다는 단호한 의지를 밝혔다. 이와 더불어 범죄예방환경설계CPTED 기법을 도입해 조형물 철거, 경계석·볼라드 제거 등 환경 개선작업도 진행했다.

무엇보다 도를 넘는 막장 방송 때문에 많은 시민과 상인들께서 적잖은 피해와 불편을 겪고 있다. 도시 이미지 훼손 또한 우려되는 상황이다. 시민의 행복한 일상을 파괴할 자유는 그 누구에게도 있을 수가 없다.

경찰을 비롯한 관계기관들과 더욱 긴밀히 협력했다. 관련 전담조직 TF, 부천원미경찰서, 원미구 자율방범연합대와 함께 현장 점검도 지

속적으로 진행했다. 또한 원미구·소사구·오정구 주민자치회, 자율방재단, 해병전우회 등 17개 단체가 모여 조직된 '부천역 막장 유튜버 근절 시민대책위원회'의 활동이 더욱더 활발하게 이뤄질 수 있도록 행정적 지원을 아끼지 않았다.

그 결과 부천시는 막장 유튜버·BJ 근절을 향해 착실하게 나아가고 있다. 부천역 일대에서 상인들께 막말을 하거나 경찰관을 상대로 모욕을 주고 업무를 방해한 혐의로 구속기소된 유튜버 2명이 최근 재판에 넘겨졌다. 문제의 유튜버들은 부천시민들을 괴롭힌 데 대한 대가를 톡톡히 치르게 됐다.

반가운 소식도 들린다. 막장 개인 방송 관련 112신고 건수가 3개월 사이에 약 74퍼센트나 감소했다. 지난 8월 141건이던 112신고 건수가 10월 말 기준 37건으로 줄었다. 이는 부천시-경찰-시민들의 강력한 대응과 협력이 효과를 나타낸 것으로 보인다.

부천시는 '막장 제로'를 향해 시민과 국회, 경찰 등과 앞으로도 계속 공조해 나가겠다. 시민들과 함께 끊임없이 현장을 모니터링하고, 수익 차단 및 공공질서 회복과 같은 문제의 근원적 해결을 향해 행정력을 집중하도록 하겠다.
"막장 유튜버·BJ는 부천을 떠나라!"

2025.11.11.

호남인의 고향 사랑과 자부심을 다시금 느낀 뜻깊은 하루

광주전남시도민회 한마음 체육대회와 부천시 호남인 한마음 체육대회에 함께했다. 뜻 깊은 행사를 마련해주신 광주전남시도민회와 부천시 호남향우회총연합회에 깊이 감사를 드렸다.

광주전남시도민회 창립 70주년을 맞아 열리는 대축제를 부천에서 개최한 터라 전남 출신 부천시장으로서 가슴이 더더욱 벅차올랐다. 정청래 더불어민주당 당대표님을 비롯한 여러 내빈과 시민들께서 자리를 빛내주신 덕분에 국민통합과 지역 상생의 의미가 한층 더 빛나는 자리였다.

충무공 이순신 장군께서는 '약무호남 시무국가'若無湖南 是無國家, 곧 "호남이 없으면 나라도 없다"라고 말씀하셨다. 대한민국의 민주주의가 위기에 빠졌을 때 가장 먼저 뜨겁게 투쟁에 나선 곳도 호남이었다.

호남 향우 여러분의 끈끈한 정과 단합을 보며 그 정신이 지금도 살아 숨 쉬고 있음을 거듭 느꼈다. 호남인의 고향 사랑과 자부심을 더욱 키울 수 있도록 나 또한 지금의 자리에서 늘 최선을 다하겠다. ··· 2025.9.13.

무더위 쉼터에서 휴식과 건강을

폭우가 끝나니 폭염이 기승을 부리고 있다. 본격적인 여름 휴가철, 시민의 안전을 지키는 데 멈춤이 있을 수 없다. 오늘 부천시이동노동자쉼터, NH농협 부천시지부 내 무더위쉼터를 찾아 시설 곳곳을 살펴봤다.

부천시는 현재 복지관, 경로당 등 시민 생활 동선과 인접한 488곳을 무더위쉼터로 지정해 운영하는 중이다. 시민들께서는 그곳에서 시원한 에어컨 바람과 물 한 모금으로 휴식을 취하시고, 건강도 잘 돌보셨으면 한다. ··· 2025.7.28.

시민과의 소통이 먼저다

더 나은 시민의 삶과 시정 발전을 위해 목소리를 내어주신 시민들을 모시고 심도 있게 소통하는 시간을 가졌다. 시민들로부터 생활 현안을 직접 듣고 해결 방안을 함께 모색하고자 마련한 자리였다.

오늘 자리에서는 재건축·시설관리·교통안전·생활문화예술 등을 주제로 다뤘다. 관련 부서도 참석하여 함께 답변을 드리고 후속 대응책을 차근차근 설명하면서 민원을 빠르게 해결하기 위해 최선을 다했다. 부천시의회 최의열 도시교통위원장님도 함께하며 지역 현안을 슬기롭게 풀어갈 수 있도록 힘을 모아주셨다.

부천시는 시민의 생각과 입장에서 사안을 바라보고, 전해주신 목소리를 정책 추진 과정에 적극적으로 반영할 수 있도록 앞으로도 계속 노력하겠다. ··· 2025.9.15.

청년의 미래가 부천의 미래다

2025년 9월 20일 토요일 청년의 날, 부천 청년주간행사에서 지역의 청년들과 함께 호흡하고 소통했다. 이번 청년주간행사는 부천시 청년정책협의체 위원들이 주도적으로 기획하고 준비한 뜻 깊은 축제였다. 청년 스스로 만들어낸 만큼 행사의 의미가 더욱 빛났다.

특히 올해는 오정청년공간과 소사청년공간 소사로움이 새롭게 문을 열었다. 이로써 기존에 있던 원미청정구역과 더불어 부천시 3개 구 모두에 청년을 위한 문화복합공간이 갖춰졌다. 청년이 있어야 도시에 활기가 돌고, 청년이 웃어야 부천의 내일이 밝아지기 마련이다. 지역 청년들의 활동 거점이자 취업·문화·소통이 어우러진 종합 플랫폼이 되도록 청년들과 함께 정성스레 가꿔나가겠다. ··· 2025.9.20.

6.
부천의
미래 설계

민관 거버넌스 모범도시 부천,
다시 출발하다

부천은 2000년대 초부터 전문가, 시민사회, 공무원 등이 함께 머리를 맞대고 시민들께 필요한 정책을 펼쳐온 민관 거버넌스 모범도시였다.

부천에 전국 최초로 작은도서관이 만들어질 수 있었던 것도 다양한 분야에 종사하는 시민 150명으로 구성된 '푸른부천만들기21 추진협의회' 활동 덕분이었다.

그렇게 시민의강 만들기, 지속가능성 지표 만들기, 사회적경제 네트워크 구성 등 시민과 함께 지속가능한 도시를 만들어왔다.

이 협치 모델을 복원하고자 한다. 지난 2016년 운영이 중단된 부천시 지속가능발전협의회를 올해 9월 중 출범해 민관 거버넌스를 회복하고, 다채로운 시민의 목소리를 시정에 담아낼 생각이다.

인구 80만 도시가 안고 있는 문제를 시장 한 사람의 힘만으로 해결할 수는 없다.

부천시민의 창의와 열정을 시정에 담아 지방자치의 근본 철학을 실천하고 역량을 이끌어내겠다.

2022.8.18.

부천대장 도시첨단산업단지
입주 및 투자 협약식

세계적 반도체기업 '온세미', 부천에 1조 4천억 원 투자 결정

세계 2위 전기차용 전력반도체 기업인 '온세미'가 국내 생산거점인 부천 온세미코리아에 오는 2025년까지 1조 4천억 원에 이르는 대규모 투자를 결정하고, 공장라인 증설을 위한 착공식을 가졌다. 대한민국 반도체 산업의 역사가 시작된 우리 부천이 그야말로 명실상부한 '반도체 도시'로 거듭나는 획기적 전환점이 될 것이다.

이번 온세미의 대규모 투자는 부천시가 '기업유치 촉진 조례'를 제정하고, 외국인 직접투자 지원을 위해 경기도와 발 빠르게 협의·지원한 결과다. 온세미가 연구·개발하는 실리콘카바이드SiC 전력반도체는 고전압·고전류·고온 등에 강하고 제품 경량화에 탁월해 전기차 산업 성장과 함께 급부상하고 있는 핵심 소재다. 초기에 시장을 선점해야 하는 국가전략산업인 만큼, 부천이 차세대 SiC 전력반도체 분야의 메카가 될 수 있도록 적극 지원하겠다. ··· 2022.7.7.

부천 대장 도시첨단산업단지 입주 및 투자협약식

SK이노베이션, 경기도, LH, 부천도시공사와 부천 대장 도시첨단산업단지 입주 및 투자 협약을 체결했다.

대장신도시는 부천에 주어진 기회의 땅이다. 대장신도시가 제대로 조성돼야 부천의 미래에도 파란불이 들어온다. 오늘 협약을 통해 조성되는 SK이노베이션 친환경 에너지 연구단지는 대장신도시의 앵커기업으로서 신성장동력을 이끌어가게 될 것이다.

부천 대전환의 키워드는 '공간과 경제'다. 민생경제에 활력을 불어넣고 공간을 재창조하는 수준의 정주 환경을 개선하는 것이 목표다. 주거·교통·일자리·문화가 어우러진 첨단산업 자족도시를 만드는 데에 전력을 다하겠다. ··· 2023.4.4.

중동 신도시 재정비를 위한 부천시-LH 실시협약 체결

한국토지주택공사와 중동 1기 신도시 재정비를 위한 실시협약을 체결하고, 시청사 9층에 부천미래도시지원센터를 개소했다. 부천미래도시지원센터는 주민의 요구와 바람에 더욱 귀 기울이고 궁금한 점을 해소해주는 상시적 소통창구 역할을 수행하게 된다.

부천시는 그동안 중동 신도시 내 마을 단지별로 '찾아가는 간담회'를 실시해 주민께 정책 내용을 설명하고 의견을 수렴해왔다. 노후계획도시 재정비 관련 주민 상담, 사업컨설팅, 정책홍보 등에 더욱 적극적으로 나서고, 주민 간 소통도 더 원활히 이뤄지도록 힘을 쏟겠다. LH와의 적극적 협력과 주민과의 심도 있는 소통으로 중동 신도시의 새로운 미래를 차질 없이 성공적으로 그려나가도록 하겠다. … 2024.4.30.

현장소통으로 기업하기 좋은 도시를

SK시그넷 연구개발R&D센터를 찾아 현장소통에 나섰다. 산업현장을 둘러보고 어려움을 들으며 '기업하기 좋은 도시'를 만드는 데에 필요한 생각의 힘을 모았다.

SK시그넷은 한국 전기차 충전기 제조 1위, 미국 초급속 충전기 시장점유율 1위를 차지하고 있는 글로벌 기업이다. 각 도시에 흩어져있던 연구개발R&D센터를 2023년 10월 원미구 도당동에 통합 개소해 차세대 기술 개발에 속도를 올리고 있다.

더 많은 지혜와 아이디어를 현장에서 찾겠다. 좋은 기업이 부천에 모여 한껏 성장할 수 있는 토대를 마련하도록 하겠다. … 2024.5.16.

부천시민들이
부러운 이유

경기 부천시는 1914년 부평과 인천의 일부 지역이 합쳐지면서 탄생했다. 1973년 단행된 행정구역 대개편 때 '부전군'에서 '부천시'로 승격했다. 경인공업지역의 중심지 역할을 하면서 1980년대 말 경기도에서 인구 1위를 기록하던 시절도 있었다. 하지만 성남시, 고양시, 용인시 등지에 신도시가 개발되면서 부천시에서 인구가 유출되기 시작했다. 도시의 위상도 과거만 못하게 됐다. 그렇지만 요즘 부천시가 전국 1등 자리를 다투는 게 하나 있다. 지난해 5월 문을 연 클래식 음악 전용관 부천아트센터다. 부천시청 바로 옆에 자리 잡은 부천아트센터는 국내 최고 수준의 음향 설비를 갖추고 있어 개관 직후부터 클래식 연주자와 애호가들의 주목을 받았다.

부천시가 1108억 원을 들여 지은 부천아트센터는 호주 시드니 오페라하우스를 설계한 영국의 에이럽ARUP사가 밑그림을 그렸다. 총 1,445석 규모, 객석이 무대를 감싸는 빈야드 구조, 세계 최초로 시도

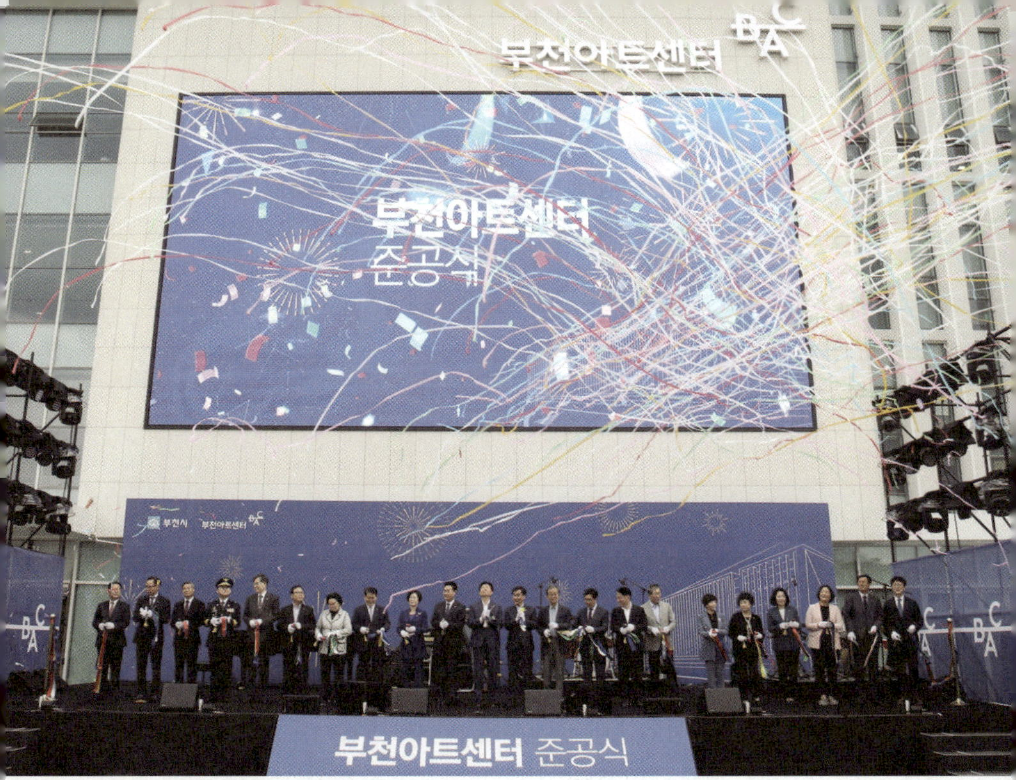
부천아트센터
부천아트센터
준공식
부천시
부천아트센터
부천아트센터 준공식
29
부천국제판타스틱영화제
BUCHEON INTERNATIONA
FANTASTIC FILM FESTIVA

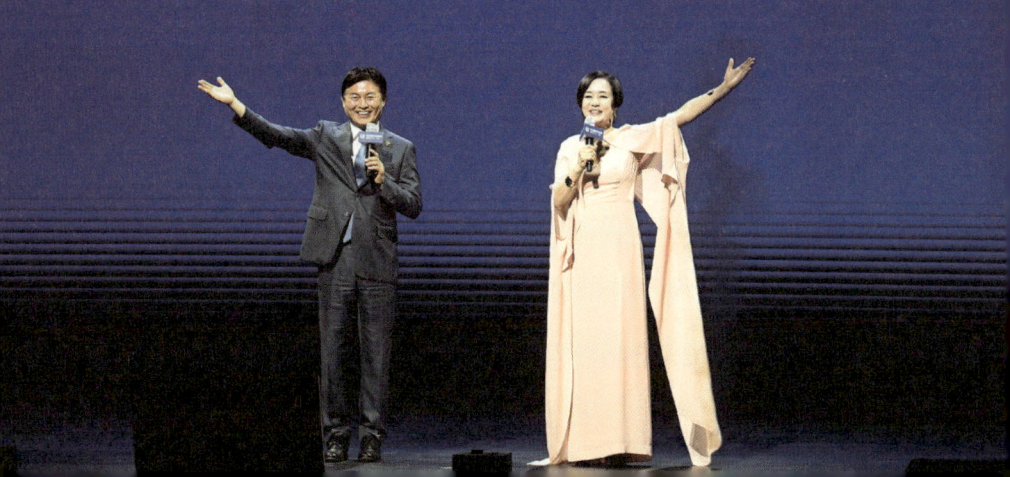

된 이중 음향 반사판 등 클래식 음악 연주와 감상에 최적화된 공연
장으로 지어졌다. 만석 시 잔향시간을 2.11초까지 구현할 수 있어 국
내 클래식 공연장 중 통영국제음악당과 더불어 '투톱'으로 평가받고
있다.

부천아트센터 덕분에 부천시민들은 굳이 서울까지 가지 않아도 최정
상급 연주자들의 공연을 즐기고 있다. 지난 1년간 조성진, 백건우, 김
선욱, 장한나, 조수미, 손열음 등이 부천아트센터 무대에 올랐다. 오
는 17일에는 임윤찬의 피아노 리사이틀도 예정돼 있다.

부천시 관계자들은 부천아트센터에 대해 "오랜 진심으로 지은 공연
장"이라고 말한다. 최초 계획부터 개관까지 무려 28년의 시간이 소요
됐기 때문이다. 부천시가 센터 설립을 처음에 계획한 것은 국내에서
지방자치제가 시행된 1995년이었다. 당시 수립된 중동신시가지 개발
계획에 문화예술회관 건설이 포함돼 있었다. 이후 부천시는 네 차례
에 걸친 부지 선정 검토 작업 끝에 2015년 현재의 부지를 최종 선정
했고, 2019년 6월 착공에 들어갔다.

부천시가 부천아트센터 건립을 본격 추진하던 1990년대 후반은
IMF외환위기가 한국 사회를 강타한 직후였다. 당시만 해도 클래식
전용관 설립을 추진한다고 하면 "문화예술이 밥 먹여 주냐"고 반문
하는 이가 대부분이었다. 부천시는 그러나 별다른 자기 색깔이 없는
부천을 다른 도시와 차별화할 핵심 지렛대로 문화예술을 택했다. 이
후 부천시는 부천아트센터 건설과 더불어 부천국제판타스틱영화제
BIFAN, 부천국제만화축제BICOF, 부천세계비보이대회BBIC 등 국제 문

화축제도 개최했다. 기초 지자체로는 국내에서 처음으로 문화재단도 세웠다.

부천시민들은 부천시의 그간의 노력들에 대해 어떻게 평가할까. 부천문화재단이 2020년 부천시민 1,000명을 대상으로 실시한 설문조사에 따르면 '문화사업으로 부천시의 이미지가 좋아졌다고 생각하느냐'는 질문에는 65.5%가 '그렇다'고 응답했다.

유네스코는 문화예술을 지역사회의 막대한 자산이라고 평가한다. 시민 삶의 질을 개선할 뿐 아니라 일자리를 창출하고, 나아가 사회적 포용력도 강화할 수 있기 때문이다. 부천시처럼 문화예술에 진심인 도시가 더 많이 나오길 바라본다.

한국경제 김동윤 문화부장, 2024년 6월 6일

경인선 부천구간 지하화 추진을 위한 정책토론회

서영석, 이건태, 김기표 국회의원님이 공동 주최한 '경인선 부천구간 지하화 추진을 위한 정책토론회'에 함께했다.

경인선은 1899년 개통된 이래 120년이 넘는 동안 경인 지역 철도 수송의 핵심 역할을 수행하며 부천시 발전의 밑거름이 됐다. 하지만 도시화가 진행되면서 경인선 주변에 거주하는 주민의 삶의 질을 떨어뜨리고 도시 공간 재창조를 막는 문제가 발생했다. 지역 단절로 인한 사회·문화적 분리, 기형적 교통체계, 비효율적 도시계획 등으로 부천의 발전을 가로막는 걸림돌로 바뀌고 말았다.

이를 해결하기 위해 부천시 지역구 국회의원님들을 중심으로 특별법 발의가 두 차례 있었고, 이것이 촉매제가 돼 2024년에 '철도지하화 및 철도부지 통합개발에 관한 특별법'이 제정됨으로써 강력한 추진동력을 확보하게 됐다.

부천시는 경인선 부천구간 지하화 및 상부부지 개발을 위한 용역추진을 준비해왔다. 시민의 공간복지와 도시의 균형발전을 이끄는 장기석이고 체계적인 시민친화적 마스터플랜을 수립하겠다. 경인선과 인접한 다른 지자체들과의 협력관계를 강화하는 등 사업 추진에 만전을 기하겠다. ··· 2024.6.17.

부천 대장을 투자자들이 찾는 매력 도시로

부천 대장 도시첨단산업단지에 외국인 투자기업을 유치하기 위해 팔을 걷어붙였다. 부천시는 대한무역투자진흥공사 산하 국가 투자유치 전담 기관인 인베스트코리아(Invest KOREA)와 투자유치 분야 상호협력 업무협약을 맺고, 부천 대장의 투자 매력도를 높이는 일에 힘을 쏟아왔다. 이번 업무 협약을 통해 기업 유치에 활력을 더하고, 지역에 새로운 일자리를 창출해 도시경쟁력 향상과 '지속가능 자족도시'를 실현하는 데 탄력이 붙을 것으로 기대한다.

부천시는 부천 대장 도시첨단산업단지가 글로벌-유니콘-선도기업 등이 입주한 첨단산업 집약단지로 조성될 수 있도록 각고의 노력을 다하겠다. ··· 2024.7.16.

웹툰 캐릭터들이 중동 IC에서 시민들을 맞이하다

만화도시 부천시가 레드아이스 스튜디오·한국만화영상진흥원과 지식재산권IP 사용·협력 공동협약식을 맺고, 만화도시로서의 경쟁력 및 이미지 향상을 위해 협력하기로 했다.

레드아이스 스튜디오는 <나 혼자만 레벨업>, <전지적 독자 시점> 등 웹툰 작품을 세계적으로 성공시킨 국내 최대 웹툰 제작사다. 또한 부천의 문화산업을 이끄는 지역의 선도기업이기도 하다. 이 같은 지역기업과 상생발전을 위해 손을 잡은 것은 매우 의미 있는 일이다. 이번 IP 사용·협력 협약을 토대로 중동 IC에 개성 넘치는 부천시 만화조형물 디스플레이를 마련하기로 했다.

부천시는 지난 1990년대부터 30년이 넘는 세월 동안 만화·웹툰산업 발전에 많은 공을 들여왔다. K-콘텐츠가 계속해서 세계를 호령할 수 있도록 부천시가 앞장서 땀과 노력을 쏟겠다. ⋯ 2024.8.13.

미래 교육도시를 향해 한 걸음 더 내딛다

부천시는 부천고등학교, 부천산업진흥원, 한국생산기술연구원금형기술센터·패키징기술센터, 키엘연구원, 한국전자기술연구원지능정보연구본부, 한국세라믹기술원신뢰성평가센터과 과학 인재 조기 발굴·육성을 위해 '부천과학고 설립 추진 업무협약'을 체결했다.

지역경제와 산업 발전에 일익을 담당하고 있는 부천 5대 특화산업금형·패키징·조명·로봇·세라믹 연구개발R&D 기관들이 미래 교육도시로 도약하기 위한 부천의 날갯짓에 힘을 보탰다.

부천시는 수준 높은 과학교육이 이뤄질 수 있도록 행정지원을 강화하고, 부천산업진흥원과 5대 R&D 기관은 과학고 교육과정 중 창의연구R&E·교원연수·첨단과학 특강 등을 지원할 방침이다. 이러한 지원을 받은 과학 인재들이 지역의 산업기반과 기술 역량을 더욱 탄탄히 만드는 선순환 체계를 구축하는 일에도 힘쓰고자 한다. ⋯ 2024.9.4.

탄소중립, 부천의 미래세대가 앞장선다

부천의 미래세대가 탄소중립을 향한 '캠퍼스 컵Campus Cup 프로젝트'를 시작했다. 대학생이 자발적으로 참여해 캠퍼스 내 일회용품 사용을 줄이는 프로젝트다.

부천시는 이를 정책적으로 지원하기 위해 가톨릭대·부천대·서울신학대·유한대 등 관내 4개 대학교와 '1회용품 없는 부천시 캠퍼스 컵 업무협약'을 체결했다. 그리고 이를 앞장서 실천할 '캠퍼스 컵 크루 1기' 발대식을 가졌다. 캠퍼스 컵 크루는 학교 별 활동 계획을 발표하며, 1회용품 없는 캠퍼스를 위한 청사진을 직접 선보였다.

캠퍼스 컵 프로젝트는 경기도가 추진하고 있는 '1회용품 없는 경기 특화지구 조성 사업'을 기반으로 진행됐다. 부천시는 이 프로젝트가 성공적으로 추진되도록 캠 퍼스 내 다회 용기 및 텀블러 사용체계 지원에 최선을 다하겠다. 부천의 미래세대 가 주도하고 확산하는, 지속가능한 미래를 향한 큰 발걸음이 되리라 믿는다. …
2024.10.4.

대한항공과 함께
대규모 미래 모빌리티 연구단지 조성

부천시가 대한항공과 손잡고 부천 대장 도시첨단산업단지에 대규모 미래 모빌리티 연구단지를 조성하기로 했다. 이를 위해 대한항공과 1조 2천억 원 규모의 '도심항공교통UAM 및 항공안전 연구개발R&D 단지' 조성 협약을 체결했다.

이에 따라 부천 대장 제2도시첨단산업단지 내 65,845㎡약 2만 평 부지에 △무인기연구소 △무인기조립장 △운항훈련센터 △안전체험관 등으로 구성된 항공 R&D 및 교육 복합단지가 들어서게 된다. 석·박사급 인력을 포함해 1,000여 명이 이곳에 상주할 예정으로, 생활인구 증가 및 지역경제 활성화에도 도움이 될 것이라는 기대를 모으고 있다.

특히 운항훈련센터는 아시아 최대 규모로 지어질 예정이다. 현재까지는 국내 저비용항공사LCC의 경우, 조종사 모의비행훈련장치 교육을 해외 업체에 의존해왔다. 부천시와 대한항공의 이번 협약에 따라 30대 규모의 훈련 장치를 도입하여 연간 국내외 항공사 조종사 2만 1,600명을 교육할 수 있을 것으로 보인다.

SK그린테크노캠퍼스, DN솔루션즈에 이어 '대한항공'이라는 굴지의 기업을 부천에 유치하게 되어 시장으로서 뿌듯한 보람을 느낀다. 부천 대장 도시첨단산업단지가 미래를 선도하는 첨단산업의 전진 기지, 경제도약의 발판이 되도록 더욱더 정성과 노력을 기울이도록 하겠다.

2025.4.30.

시민과 함께 만들어 가는 부천의 지속가능한 발전

부천시 '지속가능발전 컨퍼런스 2024'에서 '인간과 자연, 현재와 미래가 공존하는 지속가능한 부천' 비전을 선포했다. 또한 이 같은 비전으로 4대 전략과 17개 기본목표, 49개 세부목표와 80개 지표로 된 부천시 지속가능발전 기본전략을 수립했으며, 추진계획으로 88개 단위사업을 선정했다.

'지속가능 자족도시 부천 지속협과 함께'를 주제로 기조 강연을 맡아 더불어 만들어 나갈 우리의 부천을 직접 설명하는 시간도 가졌다. 미래를 향한 더 큰 도약을 위해, 언제나 시민과 함께하겠다. 힘과 지혜를 모아주시기 바란다. ⋯ 2024.11.1.

대한민국 대표 공작기계 제조기업이 부천에 온다

DN솔루션즈와 부천 대장 도시첨단산업단지 투자 및 입주 협약식을 체결했다. DN솔루션즈는 선반 및 머시닝 센터 제조 분야에서 세계적인 기술력을 보유한 국내 1위, 글로벌 톱3 공작기계 제조 전문기업이다.

이로써 DN솔루션즈의 연구개발R&D센터가 부천 대장 도시첨단산업단지 안에 자리 잡게 되었다. 석·박사급의 우수한 연구 인력들이 이곳에 상주해 소프트웨어, 인공지능AI, 디지털전환DX과 같은 첨단산업 분야 연구개발을 수행할 예정이다.

부천시는 부천 대장 도시첨단산업단지가 첨단산업 발전의 전진기지, 경제도약의 발판이 될 수 있도록 계속 정성을 쏟겠다. ⋯ 2025.1.10.

'종이 없는 스마트 회의'로 탄소중립 실천에 나서다

부천시가 '종이 없는 스마트 회의'로 탄소중립 실천에 나섰다. 기획조정실을 대상으로 시범 운영한 뒤 개선방안 검토를 거쳐 3월부터 모든 부서로 확대할 계획이다.

부천시는 회의·보고 시 스마트기기태블릿PC 등 활용을 원칙으로 하되 보안 등을 이유로 불가피하게 종이를 사용할 경우에는 '탄소중립 인쇄지침'을 준수해 종이 사용과 탄소배출을 최소화하도록 했다.

이를 통해 연간 8만 장의 A4 용지를 절약해 탄소배출량 21톤 감축, 약 9천만 원의 예산절감 효과가 있을 것으로 기대되고 있다. 과거의 관행에서 벗어난 미래지향적 변화와 행정 혁신을 이어갈 수 있도록 끊임없이 노력하겠다. · · · 2025.1.20.

부천시에 과학고 유치 확정

부천시에 과학고등학교가 드디어 들어서게 되었다. 시민 여러분과 지역사회 각계 각층에서 한마음으로 응원하고 지지해주신 덕분이다. 김영찬 부천고 교장 선생님을 비롯해 윤태선·허정원 부천고 과학고 전환 추진 공동대책위원회 공동위원장님과 위원님들, 부천교육지원청 관계자 여러분 모두 고생 많으셨다.

발로 뛰어다니며 과학고 유치에 힘을 실어주신 서영석, 김기표, 이건태 국회의원님과 이선구, 황진희 경기도의원님, 부천시 과학고 설립 지지 결의안을 만장일치 채택하며 성원해준 부천시의회 의원님들께도 깊이 감사드린다.

더 풍성한 과학고 교육과정을 마련할 수 있도록 과학·문화 분야 협력에 애써주신 부천 5대 특화산업 연구개발R&D 기관, 가톨릭대·부천대·서울신학대·유한대 등 관내 4개 대학, 온세미코리아, DB하이텍, 경기예술고에도 고마운 마음을 전하고 싶다.

부천시는 이제 부천과학고가 차질 없이 2027년에 문을 열 수 있도록 철저히 준비하겠다. 부천과학고를 중심으로 레오나르도 다 빈치와 같은 창의·융합형 인재를 키우고, 이들이 부천과 대한민국의 미래를 견인하는 선순환 고리를 만드는 데에 각고의 노력을 쏟겠다. · · · 2025.2.28.

7.
사방팔방
종횡무진

부천의 발전을 위해
당정이 힘을 모으다

부천시 당정협의회를 열고 서영석, 이건태, 김기표 국회의원님을 비롯한 도의원, 시의원님들과 현안 해결을 위해 머리를 맞댔다.

인천-서울 지하고속도로 건설사업, 경인선 지하화 및 지상부지 통합개발, 노후 도시공간 주거정비사업 등 부천의 발전과 직결된 현안을 두고 진지한 토론과 심도 깊은 협의를 펼쳤다.

부천시는 의원님들께 현안 사항들이 원활하게 추진되도록 적극적인 협조와 도움을 요청했다.

당정이 함께 역량과 지혜를 모아 얽힌 것은 풀고 막힌 곳은 뚫겠다. 시민의 삶을 획기적으로 개선할 부천의 대전환을 차근차근 준비하겠다.

2024.6.26.

우원식 국회의장님께 지역 현안 해결을 위한 협조 요청

우원식 국회의장님을 모시고 참좋은지방정부협의회 소속 기초단체장님들과 함께 지방분권 및 지방자치 활성화 방안을 위한 정책간담회를 진행했다.

나는 간담회에서 우원식 국회의장님께 △은행어린이공원 그린커뮤니티 공간조성·리모델링 관련 국비 지원 △도당배수지 특성화 공원 조성 관련 국비 지원 △부천 대장신도시 공공주택지구 생활SOC시설 확보 △부천 대장신도시 공공주택지구 개발부담금 제도 개선 △굴포하수처리시설 환경개선 시급 등 부천시의 지역 현안을 건의했다.

나는 '부천시 영업사원'이라는 마음으로 지역발전과 현안 해결을 위해 할 수 있는 노력을 다하고자 한다. 부천시민께 한층 쾌적한 생활환경을 제공하고, 도시의 대전환을 성공적으로 추진하기 위해 풀어야 할 과제들을 적극적으로 해결해 나가겠다. 민생을 꼼꼼하게 살피고, 시민이 체감하는 변화를 반드시 이루겠다. … 2024.9.25.

창의가 샘솟는 미래 교육도시를 향해

김영호 국회 교육위원회 위원장님을 뵙고, '부천과학고 설립'을 건의했다. 수도권 내 교육환경 불균형을 해소하고, 창의적 과학교육을 제공하기 위해 경기 서부권 중심도시인 부천에 과학고 설립이 필요함을 적극 설명했다.

부천에 과학고를 설립해 과학과 문화·예술이 만난 창의 융합인재의 요람, 인재와 지역이 함께 성장하는 미래 교육도시를 실현하겠다. 경기형 과학고 설립 최적지는 부천이다. … 2024.10.2.

당정이 합심해 부천시 발전과 민생 회복 실현

부천시 당정협의회를 통해 서영석, 이건태, 김기표 국회의원님을 비롯한 도·시의원님들과 부천시 핵심사업 및 지역 현안을 함께 논의했다. 특히 △경쟁력 있는 첨단 복합 미래도시 조성 △중동 1기 신도시 재정비 마스터플랜 수립 △원도심 정비사업 △수도권광역급행철도GTX-B노선 착공 △대장~홍대 광역철도 착공 △부천 대장 도시첨단산업단지 우수기업 투자유치 등 핵심사업들의 성공적인 추진을 위해 머리를 맞댔다.

이외에도 지역발전과 민생 회복에 도움이 될 다른 현안들도 하나하나 짚어가며 해결책을 모색했다. 부천의 대전환을 이끌 핵심사업들을 차질 없이 추진하고, 지역의 현안들을 슬기롭게 해결해나갈 수 있도록 당정이 계속해서 힘을 모으겠다. ··· 2025.3.6.

조계종 총무원장 진우 스님을 뵙고 귀한 말씀을 듣다

대한불교조계종 총무원장 진우 스님과 쌍계사 회주 영담 스님으로부터 귀한 말씀을 듣는 소중한 시간을 가졌다.

먼저, 최근 영남권 지역을 할퀸 화마로 신라 시대부터 이어져 온 천년고찰 고운사, 운람사, 용담사 등이 불타고, 막대한 피해를 입은 것에 깊은 위로를 전했다. 이때 진우 스님께서는 산불 피해가 커지는 상황과 관련해 담화문을 내시어 "문화유산의 보호도 중요하지만, 무엇보다도 생명이 가장 우선돼야 한다"고 강조하셨다.

언제나 그랬듯 나라와 국민을 먼저 생각하시어 인명구조와 진화대원의 안전을 우선시하셨고, 국가의 큰 어른으로서 불안한 국민의 마음을 보듬어주셨다. 큰 울림이었다. 부처님의 자비와 광명이 온 누리를 비추고, 상생과 포용·화합의 가치가 우리 사회에 더욱 꽃피길 소망한다. ··· 2025.4.19.

이재명 정부 인공지능_{AI} TF
부천에 오다

이재명 정부 국정기획위원회 인공지능_{AI} TF가 부천시 소새울경로당을 찾아 AI 기반 스마트경로당을 직접 살펴보고, 부천시와 대한노인회 등 주요 관계자들과 발전방안을 모색했다.

이재명 정부 국정기획위원회는 부천시 스마트경로당을 이용하시는 어르신들의 목소리를 두루 청취하고, '부천시 온마음 AI 복지콜'과 같은 어르신 대상 AI 서비스를 참관했다.

부천시와의 협업이 이재명 정부가 AI 전환 시대에 발맞춰 추진하고 있는 'AI 기본사회' 실현에 도움이 되길 진심으로 바란다.

부천시는 초고령사회에 선제적으로 대응하기 위해 지난 2021년부터 전국 최초로 스마트경로당을 도입해 현재 45곳을 운영하고 있다. 내년까지 스마트경로당을 150곳으로 확대하고 디지털 키오스크, AI 기반 인지훈련 콘텐츠 등 보다 고도화된 기본복지 환경을 조성할 계획이다.

부천시가 이재명 정부의 'AI 기본사회' 실현에 모범적으로 계속 앞장서겠다.

2025.7.17.

이재명 정부가 만들어갈 국민행복시대

새 정부 출범에 맞춰 부천시 발전을 위한 대응 전략을 발 빠르게 점검했다. 이재명 정부 10대 공약 관련 지역 현안 및 추진계획, 2025년 부천시 핵심 시정 비전으로 제시했던 '부천형 기본사회 정책'과 연계할 기본사회 관련 공약을 꼼꼼히 챙겨보는 시간을 가졌다.

아울러 △경인선 지하화 △수도권광역급행철도GTX-D 단계적 추진 △준고속열차 소사역 정차 △부천종합운동장 역세권 조성 △원도심·신도시 스마트 도시화 △제2경인선 옥길·범박 경유 등 부천시 핵심 과제도 빈틈없이 점검했다.

이번 제21대 대통령 선거에서 부천시 투표율이 79.7%를 기록하며 전국 및 경기도 평균79.4%을 넘어섰다. 지난 제20대 대선 부천시 투표율76.2%에서 3.5%P 오른 수치이자 1997년 제15대 대선 이후 부천시가 기록한 가장 높은 투표율이다. 투표에 참여해주신 모든 시민께 각별히 감사드리며, 시민이 주인인 부천을 향해 계속 나아가겠다.

이재명 정부의 성공이 부천시의 성공이다. 이재명 정부가 만들어갈 국민행복시대, 함께 사는 세상에 부천시도 같이할 것이다. ··· 2025.6.4.

이재명 대통령 주재 안전치안점검회의 참석

이재명 대통령께서 주재하시는 안전치안점검회의에 참석했다.

이날 회의에서는 여름철 풍수해·폭염 종합대책 추진상황 △여름철 생활안전 대책 추진상황 △산불 피해지역 사면재해 대비 추진상황 △국민 안전 확보를 위한 치안 활동 강화 등에 대한 보고 및 토의가 이어졌다.

이재명 대통령님께서는 국가의 가장 큰 존재 이유는 국민의 생명과 안전을 지키는 일이니만큼 장마 시작 전에 수재 피해가 발생하지 않도록 철저히 대비해달라고 당부하셨다. 이에 안전치안점검회의를 마치고 후속 회의를 통해 여름철 자연재난 종합대책 점검회의 시 논의 사항을 간부공무원들과 다시 한 번 살폈다.

나는 새 정부가 열어갈 국민이 주인인 국민주권시대, 그 시작은 '안전'으로부터 시작된다고 확신한다. ··· 2025.6.5.

이재명 정부의 성공을 위한 자치분권 결의대회

전국자치분권민주지도자회의KDLC가 주최한 '이재명 정부 성공을 위한 자치분권 결의대회'에 참석했다. 이 자리에서는 지방정부·지방의회 등 자치분권 현장에서 땀 흘리는 민생일꾼들의 모임인 KDLC가 이재명 정부의 성공을 위해 앞장서기로 다 짐했다. 국민주권과 자치분권이 어우러진 '함께 잘 사는 진짜 대한민국'으로 힘차 게 나아가겠다.

우리나라 최초의 기초자치단체장 출신 대통령! 국민을 주권자로 모시는 국민 모두 를 위한 대통령! 김대중 대통령님이 일군 풀뿌리 민주주의와 지방자치의 토양 위 에서 꽃피워낸 우리의 대통령! 우리는 이재명 대통령님을 도와 더 유능하고 민생 친화적인 지방자치를 이뤄나갈 것이다. ··· 2025.7.7.

부천 발전을 위해 국회와 머리를 맞대다

국회 국토교통위원회 간사이신 복기왕 의원님을 뵙고 주거·도시개발·교통 등 지역 내 굵직한 현안들을 건의했다.

△서해선 KTX-이음열차 소사역 정차 △제2경인선+신구로선 옥길·범박역 원안 사 수 △서부권 광역급행철도 조기 착공GTX-D 연계 △경인선 지하화 △김포공항 주변 고도제한 완화 및 조기 시행 △신도시 및 원도심 도시 정비 △인천~서울 지하고속 도로 건설 사업 전 구간 지하화 등 지역 현안 추진 필요성을 설명하고, 적극적인 협 조를 요청했다.

부천이 지금보다 한 단계 더 도약하기 위해선 도시공간을 재구조화하고 교통편 의를 높여 시민들이 생활하는 정주 환경을 개선해야 한다. 원미·소사·오정 지역이 균형 있게 발전하는, 손잡고 함께 나아가는 미래지향적 발전으로 부천의 가치를 한층 키울 수 있도록 국회와 더욱 긴밀히 소통하고 협의해 나가도록 하겠다. ··· 2025.8.4.

기본사회 지방정부협의회에 참석하다

기본사회 지방정부협의회 정기회의에 참석했다. 전국에서 모인 지방정부의 행정

책임자들이 기본사회 구축을 위해 머리를 맞댄 의미 있는 자리에 나 또한 함께할 수 있었다.

국민의 기본적인 삶이 갖춰진 대한민국은 지방정부가 함께 팔을 걷어붙이고 나서야만 실현 가능한 국가적 비전이다. 부천시는 이재명 정부의 국정기획위원회가 'AI 기본사회'의 참고모델로서 부천형 스마트경로당을 주목한 일에서 증명되듯이 기본사회 구축에 힘쓰고 있는 대표적 도시이다. 부천시민의 삶에 '기본'이 깃들 수 있도록 부천시가 이재명 정부를 단단히 뒷받침하겠다. ···2025.9.8.

더불어민주당 정청래 대표와
우상호 대통령실 정무수석을 만나다

2025년 10월 29일, 더불어민주당 참좋은지방정부위원회 상임위원으로 임명을 받았다. 국회에서 열린 참좋은지방정부위원회 발대식에서 임명장을 받고 진짜 대한민국, 진짜 시민주권 시대를 열기 위해 동지들과 의기투합하는 뜻깊고 소중한 시간을 가졌다.

이재명 대통령님의 유능하고 실용적인 리더십과 정청래 대표님의 투철한 개혁 의지라면 우리가 못 해낼 것이 없다. 중앙당 전략기획위원회 부위원장으로도 임명을 받았기에 정청래 대표님을 성심껏 보필해 민주당의 실력을 더욱 키우고, 이재명 정부의 성공을 위해 온 힘을 바치도록 하겠다.

그에 앞서 9월 9일에는 우상호 대통령비서실 정무수석님도 뵙고, 부천시가 추진하는 중인 주요한 현안 사업들에 대한 중앙정부 차원의

전폭적 지원을 건의했다.

△서해선 KTX-이음열차 소사역 정차 △인천~서울 지하고속도로 건설사업 전 구간 지하화 △도심 공공주택 복합사업공공주도 3080+ 신속 추진 △한국만화영상진흥원 국비 지원 규모 정상화 등 부천시의 굵직한 현안들과 이의 조속한 추진 필요성을 하나하나 설명하며 적극적 협조를 우상호 수석님께 요청했다.

앞으로도 이재명 정부와 더욱 긴밀하게 소통하고 협의해 부천의 발전에 필요한 여러 현안 사업들을 성공적으로 마무리 짓도록 하겠다. 보다 살기 좋은 도시환경을 만들어 부천시민이 누리는 삶의 질을 높이는 일이라면 온 힘을 다하겠다.

도시의 균형발전과 공간 재구조화, 미래 성장 동력 마련, 시민 편의 증대, 빛나는 문화도시 비전과 관련해 그 어떤 일 하나 소홀히 여기지 않고 최선을 기울여 힘껏 챙기겠다.

2025.10.29.

민주당 의원님들과 긴밀하게 소통하다

임오경 의원님국회 문화체육관광위원회 간사, 이기헌 의원님국회 문화체육관광위원회 위원, 한병도 의원님국회 예산결산특별위원회 위원장·국토교통위원회 위원, 전용기 의원님국회 국토교통위원회 위원을 차례로 뵙고, 부천시 주요 현안을 설명하면서 원활한 사업 추진 및 해결을 건의했다.

각 소속 상임위에 맞춰 △한국만화영상진흥원 국비 지원 규모 정상화 △서해선 KTX-이음열차 소사역 정차 △인천~서울 지하고속도로 건설사업 전 구간 지하화 △도심 공공주택 복합사업공공주도 3080+ 신속 추진 △경인선 지하화 추진 등 부천시 앞에 놓인 주요 현안 및 사업 추진에 대한 적극적 협조를 요청했다. ··· 2025.9.11.

김윤덕 국토교통부 장관님께 부천시 현안 해결을 건의하다

김윤덕 국토교통부 장관님을 만나 부천시의 교통·주거·개발 관련 주요 현안 사업 추진을 적극적으로 건의했다.

△서해선 KTX-이음열차 소사역 정차 △인천~서울 지하고속도로 건설사업 전 구간 지하화 △도심 공공주택 복합사업공공주도 3080+ 신속 추진 △김포공항 주변 고도제한 완화 △경인고속도로변 가로주택정비사업 추진 시 방음벽 설치 예외 규정 도입 등 부천의 중요한 현안 사업들과 추진 필요성을 김윤덕 장관님께 구체적으로 설명했다.

이 사업들은 부천시민들의 삶의 질과 도시의 가치를 동시에 높일 수 있는 중요한 일들이다. 부천시는 이의 원활한 추진과 더불어 중앙정부의 적극적 협조를 이끌어 낼 수 있도록 온 힘을 다하고 있다. ··· 2025.9.12.

한준호 최고위원님과 부천시 현안 상의

한준호 최고위원님더불어민주당 최고위원·국회 국토교통위원회 위원을 뵙고 △대장~홍대선 적기 착공 및 추가 출입구 설치 △서해선 KTX-이음열차 소사역 정차 △인천~서울 지하고속도로 건설사업 전 구간 지하화 △소규모주택정비사업 소음방지대책 수립

관련 법령개정 등 부천시 주요 현안 사업 추진을 밀도 있게 논의했다.

시민이 누리는 삶의 질과 도시경쟁력 향상을 위해 해당 사업들이 원활히 추진돼야 한다는 설명을 한준호 최고위원님께서는 진지하게 경청해주셨다. 부천시는 시민의 입장에 서서 시민의 이익을 적극적으로 대변하기 위해 최선을 다해왔다. 우리 앞에 놓인 과제들을 성실히 풀어나가 부천의 도약과 성장을 반드시 이루어 내겠다. ··· 2025.9.16.

서부수도권행정협의회 정기회의 참석

부천아트센터에서 열린 서부수도권행정협의회 제73회 정기회의에 참석했다.

서부수도권행정협의회는 현재 부천시를 포함해 김포시, 광명시, 인천 계양구·서구·강화군, 서울 강서구·양천구 등 8개 지차체가 소속돼 활동하고 있다.

이번 회의에서는 부천시와 양천구가 공동으로 제안한 김포공항 주변 고도제한 완화와 공항소음 피해지역 주민지원사업 관련 법령 개정 등 공동 현안에 대한 논의가 활발하게 이뤄졌다. 부천시민의 더 나은 삶과 지역발전을 위해서는 반드시 풀어야 할 현안들이다. 부천시는 이 일들을 중단 없이 확실하게 해결해 나가겠다. ··· 2025.9.23.

김교흥 국회 문화체육관광위원회 위원장님과의 만남

김교흥 국회 문화체육관광위원장님을 뵙고 부천의 문화예술 주요 현안 사업들에 대해 건의를 드렸다. 같은 문체위 소속의 양문석 의원님도 자리에 함께해 주셨다.

나는 이 자리에서 △한국만화영상진흥원 국비 지원 규모 정상화 △제30회 부천국제판타스틱영화제 국비 확대 △K-클래식 육성 사업 「영 프론티어」 확대 △생활문화예술 분야 지속 성장 지원 등을 차례로 짚어가며 추진 필요성을 상세하게 설명했다.

김건희 부부의 비행과 일탈을 풍자한 '윤석열차'를 이유로 창작의 자유를 '입틀막'하고 국비보조금을 두 해에 걸쳐 75%나 삭감했던 '문화 내란'을 극복해내겠다. 윤석열 정권이 휘두른 무도한 핍박의 칼날과 상흔을 치유하고, 시민과 함께 일상에서 수준 높은 문화예술을 더 가까이 누릴 수 있는 환경을 만들어나가겠다. 김구 선생이 꿈꾸고 이재명 대통령이 추구하는 '문화강국' 실현을 부천시가 흔들림 없이 견인하도록 하겠다. ··· 2025.9.25.

PART 3

언론에 비친
조용익

시민의 뜻을 새기려면 소통만큼 중요한 게 없다. 나는
취임 일성으로 '섬김과 소통'을 약속했다. 시민을 섬기
고, 시민과 소통하며, 시민과 함께하는 시장이 되겠다
고 말했다. '시민 소통 열린시장실 운영계획'을 1호 결
재로 서명했다. 시민을 향한 마음의 문을 개방한다는
의지를 그 안에 녹였다. 열린 마음으로 시민의 뜻을 담
아 부천시를 '활력 있는 자족도시'로 만들겠다.

부천이라는 도시

'도시'를 생각했다. 가장 먼저 이미지가 떠올랐다. 회색빛 건물 사이를 바삐 돌아다니는 부채색 옷차림의 무표정한 사람들이 떠오른다. 잘 차려입고 냉소적인 표정을 짓는 모습을 보고, 사람들은 도회적이라는 표현을 쓰기도 한다. 도시의 이미지는 이렇게 대체로 차갑다. 도시의 사전적 의미를 찾아봤다. 검색해 보니 '일정한 지역의 정치·경제·문화의 중심이 되는, 사람이 많이 사는 지역'이라는 설명이 보인다. 이 의미에 걸맞은 도시는 대한민국에 얼마나 될까. 우리는 이 뜻 그대로의 도시에서 살고 있을까. 의문이 머릿속을 맴돈다.

'부천시'를 생각했다. 부천시의 이미지는 어떨까. 사람들이 일반적으로 떠올리는 도시의 이미지와 비슷할까. 부천시민은 부천시를 어떻게 생각하고 있을까. '정치·경제·문화의 중심'으로 기능하고 있다고 느끼고 있을까. 얼마 전 취임 100일을 맞으며, '오직 시민만 바라보고 뛰겠다'는 약속을 곱씹었다. 시민이 주인인 도시가 어떻게 차가울 수 있을까. 영화·만화·애니메이션·비보이·문학·클래식과 같은 문화와 창의력이 꽃피는 도시가 어떻게 냉소적일 수 있을까. 부천이라는 도시는 분명 다른 도시들과는 다른 점이 있다. 부천 곳곳에는 웃음과 따스함이 배어있다. '문화특별시 부천'에는 세상의 관념을 뛰어넘는 콘텐츠가 있다.

시 승격 50주년…시민과 함께하는 활력 있는 자족도시 부천

부천시는 다음 해에 시 승격 50주년을 맞는다. 사람 나이 50세면 지천명이라 했다. 하늘의 뜻을 안다는 의미다. 도시의 나이가 50년이면 도시 곳곳에 시민의 뜻을 품고 있어야 한다. 시민의 뜻을 새기려면 소통만큼 중요한 게 없다. 나는 취임 일성으로 '섬김과 소통'을 약속했다. 시민을 섬기고, 시민과 소통하며, 시민과 함께하는 시장이 되겠다 말했다. '시민 소통 열린시장실 운영계획'을 1호 결재로 서명했다. 청사 보안 등의 이유로 출입이 통제됐던 시장실을 개방한다는 내용이다. 이는 단순히 공간의 개방만을 의미하지 않는다. 시민을 향한 마음의 문을 개방한다는 의지를 그 안에 녹였다. 공간이 열려도 마음이 닫히면 쓸모가 없기 때문이다. 열린 마음으로 시민의 뜻을 담아 부천시를 '활력 있는 자족도시'로 만드는 동력으로 삼을 것이다.

부천시의 인구가 줄고 있다. 인구 감소는 대한민국 차원의 고민거리지만 87만 명에 달했던 부천시 인구가 80만 명 아래로 내려온 점은 큰 위기감으로 다가온다. 비슷한 규모의 경기도권 도시들이 특례시로 거듭나는 동안 부천시는 베드타운 성격이 짙어졌다. 이대로 인구

유출이 계속되면 '활력 있는 자족도시 부천'은 요원해진다. 서울과 인천을 잇는 부천의 지리적 이점을 살려 도시의 패러다임을 주거 중심에서 산업·문화 중심으로 대전환시켜야 한다. 서울과 인천을 양 날개로 삼아 날아오르는 수도권 선도도시로 도약하는 것이다. 이를 토대로 베드타운의 이미지를 벗어던지고, 우리의 심장으로 스스로 숨을 쉬는 작지만 강한 도시로 거듭날 것이다. 시 승격 50주년을 기점으로 이를 향한 과감한 발걸음을 내디딜 것이다.

부천의 100년 미래를 준비하며

부천시는 최근 국토교통부가 주최한 '2022 대한민국 도시대상'에서 종합평가 2위인 국무총리상을 수상했다. 대한민국 도시대상은 전국 229개 지방자치단체를 대상으로 도시의 지속가능성 및 생활인프라 수준을 평가해 시상하는 국내 최고 권위의 상이다. 도시경제 부문과 도시환경 부문에서는 응모 지자체 중 1위를 차지했다. △보행환경개선 등 범죄예방정책 △미래 신산업 육성정책 △제조기업 산업육성정책 △생태하천사업 등 저영향 개발 정책 △토지이용관리 △주민참여 활성화 정책 등이 높은 평가를 받았다. 지난 7월에는 세계 2위 전기차용 전력반도체 기업인 온세미가 부천 온세미코리아 공장라인을 증설하는 착공식도 있었다. 온세미는 오는 2025년까지 부천 온세미코리아에 1조 4천억 원에 이르는 대규모 투자를 단행할 예정이다. 부천시를 주거·산업·환경·문화가 조화를 이루는 활력 있는 자족도시로 만들겠다는 구상이 가능하겠다는 자신감을 얻었다.

다시 도시를 생각한다. 생동감이 꿈틀대는 활력 있는 부천시를 떠올린다. 인구 3만 7천 명의 복사골 부천이 50여 년 뒤 지금의 문화특별시 부천으로 거듭난 것처럼 경제·사회·환경 등 전 분야에 걸쳐 도시 경쟁력을 키운 100년 뒤 부천의 미래를 상상한다. 조만간 부천시의 새로운 도시브랜드CI·BI를 개발해 도시 정체성 확립과 브랜드 경쟁력 제고에 힘을 쏟을 계획이다. 부천시의 100년 미래를 준비하는 새로운 옷차림과 표정으로 시민과 함께 숨 쉬고, 시민과 함께 달릴 것이다.

중부일보, 2022.11.22.

꺾이지 않는 마음

후반 추가시간 팽팽했던 승부를 가른 결승골. 생각만 해도 짜릿한 장면이다. 이 짜릿한 장면을 우리는 얼마 전 목도했다. 그것도 16강 진출 여부가 달린 절박한 경기에서, 세계 최고급 선수들이 포진한 우승 후보 포르투갈을 상대로, 우리 대한민국의 선수가 극적으로 꽂아 넣은 골을 참고로 이 경기에서 골을 기록한 김영권, 황희찬 두 선수 모두 부천과 인연이 깊다. 대여섯 상대 수비수가 둘러싸 여유 공간이 사라진 와중에도 패스 길을 정확히 읽어내 황희찬 선수에게 공을 전달한 손흥민 선수의 활약도 일품이었다.

'중요한 것은 꺾이지 않는 마음'

16강 진출 가능성이 좁혀진 상황에서 기적을 이룬 이번 카타르 월드컵을 관통하는 가장 명확한 문구일 것이다. 상황과 표현이 맞물리자 사람들은 크게 감동했고, 월드컵이 끝난 지금도 뉴스·예능 등에 심심치 않게 등장하고 있다. '꺾이지 않는 마음'은 비단 스포츠뿐 아니라 각양각색의 사람들이 누리는 삶의 구석구석에도 머물 수 있는 표현이기에 더욱 마음에 와 닿을 것이다.

내년에 시 승격 50주년을 앞둔 부천시도 '꺾이지 않는 마음'을 품고, 부단히 달리는 중이다. 이미 개발이 멈춘 도시라는 냉소적인 시선을 뚫고, 결승골을 넣기 위한 공간을 부지런히 찾는 중이다. 1기 중동 신도시 재정비, 3기 대장 신도시 프로젝트, 오정 군부대 일원 도시개발 사업 등 아직 발전을 위한 공간과 기회는 얼마든지 남아있다.

이와 더불어 부천의 미래를 책임질 큼지막한 계획도 열심히 '빌드업'하고 있다. 앞으로 5~10년 안에 마무리될 수도권광역급행철도GTX B·D노선, 상동 영상문화산업단지 개발과 같은 굵직한 사업을 발판으로 서울과 인천을 가로지르는 광역교통체계를 구축하고, '부천 대장-서울 마곡-인천 계양-김포공항'이 연계된 산업벨트를 만들어 교통이 편리한 친환경 자족도시로 조성할 계획이다. 부천이 서울과 인천을 양 날개로 삼은 수도권 서부 지역의 대표 스트라이커가 되는 것이다.

'자족도시 실현'이라는 골문 앞에 선 부천시

이를 실현하려면 대장 신도시 프로젝트를 성공적으로 추진해야 한다. 1기 신도시에서 불거졌던 문제점을 보완하여 단순한 집단주거공간을 넘어서야 한다.

도시를 새롭게 디자인하는 데 있어서는 '공간복지' 개념이 필요하다.

집만 빽빽하게 지을 것이 아니라 계획단계부터 자족기능을 활성화할 수 있는 공간 배치 방안을 고민해야 한다. 도로·공원·녹지·도서관 등 기반시설 조성 단계부터 수요자인 시민의 목소리가 반영될 수 있도록 준비하고 있다. 자족 기능에 필수적으로 요구되는 일자리 마련 계획도 하나하나 이뤄가고 있다. 부천시는 올해 초 SK그룹과 산하 7개 사의 연구개발 인력을 대장 신도시에 모으는 'SK그린테크노캠퍼스 조성을 위한 업무협약'을 체결했다. 마곡 신도시에 LG그룹사의 연구개발 인력이 모여 도시 발전을 이끄는 성장동력이 됐듯 대장 신도시 또한 SK그룹이 선도기업이 되어 시너지를 낼 수 있을 것이다.

작지만 강한 도시 부천시는 지금 '자족도시 실현'이라는 골문 앞에 섰다. 내한민국 축구대표팀이 대내외의 냉소적인 시선과 강호들을 제치고 16강에 올라섰듯, 부천시도 '꺾이지 않는 마음'으로 여러 난관을 뚫고 주거·환경·산업·문화·교통·일자리 무엇 하나 놓치지 않는 자족도시를 시민의 품에 선사할 것이다.

인천일보, 2022. 12. 26.

봄을 맞으며 생각한
탄소중립

잠자던 개구리가 깨어나니 곧장 봄이다. 새순도 잠에서 깨어나 고개를 내민다. 해가 지면 아직 물러가지 않은 겨울의 패잔병들이 게릴라전 벌이듯 옷 틈새를 파고 들지만 봄이 주는 설렘은 막지 못한다.

봄은 시작이다. 세상의 많은 것들이 봄에 깨어나 겨울에 잠든다. 그렇게 세상은 순환한다. 봄이 지나 여름이 오고, 여름을 흐른 자리에 가을이 싹튼다. 그리고 겨울이 닥친다. 시간이 지나 계절의 마침표가 찍힌 자리에 다시 봄이 피어난다. 우리는 이것을 하나의 순리로 받아들이고 산다. 하지만 이 순리에 조금씩 균열이 생기고 있다. 순환의 고리가 끊어지려 하고 있다. 인류가 그간 자행한 자연 파괴가 누적되면서 임계점에 다다른 듯하다.

우리의 일상 앞에 다가온 기후위기

기상이변이 세계 곳곳에서 나타나고 있다. 지난해 여름에는 기록적인 폭우가 우리나라 수도권에 쏟아지기도 했다. 부천도 큰 피해를 입었다. 기후위기는 우리의 일상 앞에 다가와 있다. 없어야 할 일이 일어나고, 있어야 할 것들이 사라지고 있다. 뒤죽박죽 뒤엉키기 시작한 일들을 바로잡아야 한다. 이에 따른 해법으로 '탄소중립'이 주목받고 있다. 기후위기로부터 자유로운 국가·사상·종교·민족은 없기에 탄소중립은 이미 세계적인 흐름으로 자리 잡았고, 이를 뒷받침하는 방안이 추진되고 있다.

시정을 책임지는 자리에 있는 만큼 가장 관심을 두는 일은 '정책으로서의 탄소중립'이다. 특히 부천시는 친환경 수소·전기차 보급과 관련한 인프라 조성에 힘을 쏟고 있다. 올해 총 사업비 약 506억 원 규모로 승용·화물·버스 등 3,197대 전기차 보급사업을 적극 추진한나. 또한 총 200대의 친환경 수소차 구매 보조금을 지원하기 위해 45억 원의 예산도 편성했다.

△대장·고강·소사 차고지, 옥길 전기충전소, 700여 개의 노후 버스 정류장에 태양광 시설 신설 △친환경 수소·전기차 충전소 구축 등 그린 인프라 조성에도 공을 들이고 있다. 춘의동 일원에 하루 100대 충전이 가능한 충전기 1기와 관리동을 갖춘 수소충전소를 올해 12월까지 시험가동 후 내년 1월에 정상 운영한다.

시민 소통 토론회를 개최해 기후위기 공감대 형성

올해 3월에는 오는 2050년까지 온실가스 순배출량을 제로(0)로 만든다는 방침으로 '부천시 2050 탄소중립녹색성장위원회'를 출범시

컸다. 관련 분야 전문가 다수를 포진시켜 민·관 협력 체계도 갖췄다. 국가 및 경기도 계획의 정합성 확보를 위해 올해 6월부터 내년 3월까지 시행하는 '탄소중립 녹색성장 기본계획' 용역을 통해 온실가스 감축 이행 및 연차별 중장기 로드맵을 수립한다. '부천시 탄소중립 로드맵 수립'은 민선 8기 시정 운영 10대 전략 중 하나인 '탄소중립 선도하는 환경도시'의 첫 번째 공약이기도 하다. 지난해 10월에는 '부천시 기후위기 대응을 위한 탄소중립·녹색성장 기본조례'를 제정하는 등 제도적 기반도 마련했다.

민선 8기 시정의 중심가치인 '시민 소통'을 실천해 시민의 목소리를 최대한 담아내기 위한 노력도 멈추지 않고 있다. 지난해 11월 시민소통 토론회를 개최해 기후위기에 대한 시민사회 공감대를 형성하고, 탄소중립 정책에 대한 다채로운 의견을 모았다. 최근 발족한 기후위기 부천비상행동, 탄소중립실천 부천연대 등 기후위기에 대응하기 위해 나선 시민사회와도 적극적으로 협력할 생각이다.

미래세대 온전한 지구 물려줄 책임

특히 지난해 11월 소명여고 기후정의 선언식에 참석해 탄소중립을 향한 미래 세대의 열정과 가능성을 지켜본 기억이 인상 깊게 남아있다. 이날 학생들이 자발적인 토론을 거쳐 '기후위기 시대, 청소년이 바라는 부천의 10대 과제'를 제안한 점도 뜻 깊게 다가왔다.

학생들은 △기후재난으로부터 안전한 도시 △플라스틱 생산과 소비 감축 계획을 수립하고 이행하는 도시 등을 집중 과제로 선발했다. 나는 이 자리에서 시민의 목소리를 담아 탄소중립 정책을 추진하는 데에 더욱 노력하겠다고 약속했다.

봄, 여름, 가을, 겨울 그리고 우리를 감싸고 있는 기온과 수온, 대기질 모두 있어야 할 곳에 있을 수 있도록 우리 모두 탄소중립 실천에 동참해야 한다. 우리는 미래 세대에게 온전한 지구환경을 물려줄 책임이 있다. 부천시는 부천시의 책임을 다할 것이다. 지금 우리가 느끼는 봄을, 미래 세대도 느낄 수 있길 바란다.

경인일보, 2023.4.3.

공약과 신뢰
그리고 민주주의

약속은 신뢰다.

아침마다 신경 쓰는 출근 시간, 친구와 만나기로 한 시간, 다른 부서와의 회의 시간 등 반복되는 하루 속에 수많은 약속이 계속해서 맺어지고, 지켜진다. 일상에서 오고 가는 크고 작은 약속으로 인해 우리의 신뢰와 평판이 엇갈리기도 한다.

미국 사회에는 입에 담기도 힘든 욕설 이상으로 상대방의 명예를 할퀴는 단어가 있다. 바로 '라이어Liar, 거짓말쟁이'다. 한국에서 쓰이는 거짓말쟁이와는 말의 무게가 다르다. 미국에서 상대방을 지칭해 '거짓말쟁이'로 힐난하는 순간 그와는 원수가 될 각오를 해야 한다. 한 인간과 한 사회의 수준을 따져 물을 때 신뢰만큼 중요한 척도는 없다. 한국 사회가 점차 선진화될수록 신뢰가 갖는 사회적 중압은 지금보다 더욱 커질 것으로 생각한다.

공약 실천은 시민들로부터 선택 받은 사람들의 의무

정치가, 행정가에게 있어 가장 중요한 약속은 공약公約일 것이다. 단어에서부터 사인私人끼리의 약속과는 다른 공기가 감돈다. 공약은 시민이 후보자를 판단할 때 가장 중요하게 생각하는 기준 중 하나다.

당선 이후에도 이 평가는 계속된다. 공약 이행 여부로 시민은 시정 책임자를 판단하고, 지지 여부를 결정한다. 민주주의의 실체를 이루는 쌍방 소통이 이뤄지는 것이다.

이러한 과정을 거치며 시민은 민주주의에 대한 효능감을 느끼고, 신뢰를 쌓는다. 공약 이행은 우리의 민주주의를 더욱 건강하게 만드는 자양분이다.

이를 해내는 것이야말로 시민으로부터 선택 받은 사람들이 지켜야 할 의무다. 지난 4월 한국매니페스토실천본부의 주관 아래 전국 226개 기초자치단체를 대상으로 이뤄진 '2023년 민선 8기 전국 기초단체장 공약실천계획서 평가'에서 부천시는 최고등급인 SA 등급을 받으며, 공약 실천 의지와 실행력을 인정받았다. 지난해에는 '2022년 매니페스토 약속대상 지방선거부분'에서도 최우수상을 수상해 선거 공약 측면에서 우수한 기초자치단체장으로 선정됐다.

칭찬과 상은 항상 고맙고, 반가운 일이지만 한편으로는 무거운 부담으로 돌아오기도 한다. 기대만큼 실망감도 커질 수 있다는 사실을 잘 알기에 이러한 소식이 전해질 때마다 항상 마음을 다잡게 된다. 칭찬과 상은 나를 일깨우는 채찍이자 죽비다.

시민으로부터 신뢰받는 부천시정을 펼칠 것

부천시는 민선 8기 10대 분야 95건 및 4대 권역 주민생활 밀착형 52건 등 총 147건의 공약을 추진하고 있다. 공약 이행률을 높이기 위해 지난 4월 실·국·소·단장 및 공약사업 추진부서장 등 관계 공무원이 모여 '민선 8기 공약 추진사항 보고회'를 열고, 공약사업 추진실적과 문제점에 대한 개선방안을 논의했다. 보고회에서 도출된 문제점과 추진방안 등을 보완한 뒤 오는 10월, 부천시민으로 구성된 '공약 이행 시민평가단'을 운영해 시민이 체감할 수 있는 현실성 높은 공약으로 조정할 계획이다.

'공약 이행 시민평가단'은 공약 이행 및 평가과정에 주민 참여를 제도적으로 마련한 것으로 민선 8기 핵심 가치인 시민 소통에 대한 실천방안이기도 하다. 또한 투명성을 높이기 위해 공약 이행현황을 부천시 홈페이지에 정기적으로 공개하고 있다. 공약 실천 활동, 공약지도 등 시민 눈높이에 맞는 공약 정보도 제공하고 있다.

올해 1분기 기준 94%의 공약이 순조롭게 추진되고 있다. 완료 후 계속 이행 중인 공약으로는 △우리 동네 행복마을관리소 운영 △산재예방 및 고위험 개선사업비 지원 △육아종합지원센터 기능보강으로 아이 키우기 좋은 도시 조성 △긴급보육이 필요할 때 아이를 맡길 수 있는 365일 시간제 보육 △시민들이 시정을 직접 평가하는 시민평가제 운영 △시민소통 열린시장실 운영 등이 있다.

올해 7월이면 취임 1주년을 맞는다. 나는 취임식에서 '현장에서 시민의 목소리를 듣고, 시민과 함께 답을 찾아 지방자치의 근본 철학을 실천하겠다'고 부천시민에게 약속했다. 이 약속은 여전히 유효하다. 공약은 지향과 현실을 동시에 담고 있다. 미래에 구현할 비전이면서 지금 해결해야 할 민생이 함께 들어있다. 시시때때로 변화하는 안팎의 조건과 요인을 고려해 지향과 현실을 아울러 개선도 거듭할 것이다. 이를 통해 시민으로부터 신뢰받는 부천시정을 펼칠 것을 약속한다. 시민과의 약속을 지켜 건강한 민주주의가 부천시에 한층 더 깊이 뿌리내릴 수 있도록 온 힘을 다할 것이다.

기호일보, 2023.5.8.

지속가능 자족도시,
부천

부천시는 올해 시 승격 50년을 맞았다. 시 승격 이전 부천시는 '부천군 소사읍'이었다. 1973년 7월 1일 법률 세2597호 '시 설치와 군의 폐지 분합에 관한 법률' 제정·공포로 부천군은 폐지됐고, 그 일부였던 소사읍이 부천시로 승격했다.

'부천' 지명은 이때의 부천군과 연관이 깊다. 1914년 행정 체제 개편에 따라 경기도 부평군이 폐지되고, 부천군이 탄생하면서 등장한 이름이기 때문이다. 부평의 부富와 인천의 천川을 따와 지은 것으로 알려졌다.

부천은 1930년대 이후부터 1970년대 도시화가 이뤄지기 전까지 손꼽히는 복숭아 산지였다. 사람들은 당시 지명을 따서 '소사 복숭아'라고 불렀다.

1967년 경인고속도로 완공, 1974년 경인철도 전철화가 이뤄지자 서울과 인천을 잇는 지리적 입지가 주목받았고, 1990~2000년대 중동

신도시, 상동지구가 연이어 개발되면서 사람들이 모여들었다.

자족도시로의 대전환을 준비하는 부천

부천은 '지속가능 자족도시'로의 대전환을 준비하고 있다. 지역경제 활성화·일자리 확충을 위해 첨단기업 유치와 기존 5대 특화산업금형·조명·로봇·패키징·세라믹 고도화 지원에 역량을 쏟고 있다. 삶의 질을 높이는 친환경 녹색환경 조성과 교통 인프라 구축도 세심하게 챙기고 있다.

영화·만화·비보이·애니메이션 등 훌륭히 자리 잡은 4대 국제문화축제와 클래식 공연장 부천아트센터, 미래 먹거리 둥지 웹툰융합센터, 혁신의 상징 부천아트벙커B39 등 지역 곳곳에 문화예술을 화사하게 꽃피웠다. 2017년에는 동아시아 최초로 유네스코 문학창의도시로 선정됐다. 이를 기반으로 문화산업으로의 도약을 꾀하고 있다.

대대적인 도시이미지 혁신에도 나섰다. 1990년 지자체 최초로 도시 아이덴티티CI 개념을 도입했던 부천시는 새로운 통합 도시브랜드를 통해 다시 한 번 혁신을 도모한다. 공공브랜드 최초 한글·영문 결합형 이미지와 기존 공공브랜드에서는 찾아보기 힘든 입체형 이미지가 결합한 새로운 통합 도시브랜드는 부천이 지닌 창의성과 도전성을 잘 보여준다.

부천은 복지·안전·돌봄 선도도시다. 특히 취약계층 챙기기에 앞장서고 있다. 이달 5일 '부천 온溫스토어' 등 시민과 손잡고 복지·안전 사각지대 문제 해결에 나선 노력을 인정받아 '2023년 대한민국 자치발전대상'을 수상했다.

부천 온스토어는 시민이 위기가구를 우선 찾아내고, 공무원이 대상자를 직접 찾아가는 복지 사각지대 발굴모델이자 부천시만의 복지 시그니처 사업이다. 슈퍼마켓·식당·공인중개사사무소 등을 마을가게로 지정해 복지·안전 취약계층을 우선 발굴하고, 긴급생필품을 지원한다. 향상된 정책 효과를 위해 이와 연계한 통합 플랫폼 '스마트 온ON, 溫' 앱 개발도 추진하고 있다.

복사꽃 피던 밭에 피어나는 문화의 꽃, 산업의 열매

부천시는 2019년 보건복지부의 지역사회 통합 돌봄 노인 분야 선도 자치단체에 선정돼 4년간 선도모델로서 사업을 펼쳤다. 2021년 장애인·정신질환자까지 포괄하는 융합형 선도사업 지자체로 추가 선정됐다. 이 같은 성과로 보건복지부 주관 복지행정상 지역사회 통합 돌봄 부문에서 2020, 2021년 2년 연속 대상을 받았다. 2022년 지역복지사업 평가에서는 최우수 지자체로 선정됐다. 우리 시의 모범사례를 참고하고 연구하기 위해 국내 28개 지자체와 일본·필리핀·태국·인도네시아·타지키스탄 등이 부천시를 찾았다. 올해부터는 시 자체 사업으로 전환한 '부천형 지역사회 통합돌봄 사업'을 펼치고 있다.

복사꽃 피던 복숭아밭에 어느새 문화의 꽃이 피고, 산업의 열매가 자라고 있다. 복지·안전·돌봄이 견고하게 뿌리내리고 있다. 빈틈없는 계획과 열정적인 추진으로 작지만 강한 수도권 서부 주요도시, 나아가 세계 속에서도 경쟁력을 보여주는 글로벌 선도도시로 도약할 것이다.

서울신문, 2023.10.20.

2024년,
새롭게 달라지는 부천

새해가 다가온다.

낳은 사람의 머릿속엔 이미 새해 다짐이 자리 잡고 있을 것이다. 올해보다 더 성실하게, 더 건강하게, 더 즐겁게, 더 보람차게 등등 보다 긍정적인 방향으로 달리는 자신을 상상할 것이다. 개인을 넘어선 고민도 이어질 것이다. 우리 가족, 우리 회사, 우리 동호회 등등 지금보다 더 화목하고 행복한 미래를 그리고 있을 것이다.

부천시도 새해를 맞이하며, 그동안 준비했던 변화를 실천에 옮긴다. 행정 체제·조직 구성·도시브랜드 등 변화는 크게 세 가지로 이뤄진다. 시민의 바람을 담아 행정 체제를 바꾸고, 새로운 시대상을 고려해 조직의 틀을 개편한다. 그리고 둘로 나뉘어있던 도시 상징 이미지를 통합하고, 미래지향적 가치를 반영한 디자인으로 도시브랜드를 탈바꿈시킬 것이다.

10개 광역동을 폐지, 3개 구 37개 일반동 체제로 전환

내년 1월 1일 10개 광역동을 폐지하고, 원미·소사·오정 3개 구 및 37개 일반동 체제로 전환한다. 광역동 체제에서 불거졌던 불편을 해소하고, 시민 편익을 증진시키기 위한 변화다. 3개 구에는 행정·복지·재난 관련 안전 전담팀을 설치하고, 37개 동에는 행정안전팀과 복지팀을 각각 신설해 스마트복지안전공동체를 구성·운영한다. 아울러 '스마트 온On, 溫 부천' 앱 개발을 통해 주민참여 플랫폼을 확장하는 등 정보기술IT을 기반으로 한 스마트 복지·안전 기능을 한층 두텁게 갖춘다. 특히 언제 닥칠지 모르는 재해재난을 더욱 면밀히 대비하고, 복지·안전 사각지대 발굴 및 지원에 역량을 쏟는다. 이를 통해 현장성·실효성 높은 행정서비스를 펼칠 수 있을 것으로 기대한다.

시민 불편을 최소화하는 일에도 역점을 뒀다. 청사는 구 폐지 시점 위치 그대로의 건물을 사용하고, 동 청사 명칭은 '○○동 행정복지센터'로 통일한다. 행정 체제 개편에 따라 바뀌는 상세 내용을 담은 홍보책자를 모든 세대에 배부하고, 주민등록증·운전면허증·허가증·신고필증 등은 재발급 없이 그대로 사용할 수 있도록 했다.

민생과 미래를 고려해 조직 개편도 단행

조직 개편도 단행한다. 이번 조직 개편은 '민생과 미래'를 고려해 기획됐다. 민생 분야에 있어서는 실생활과 밀접한, 시민이 바로 체감할 수 있는 변화에 무게를 뒀다. '스마트행정안전팀·복지안전기획팀·식품안전팀' 등을 꾸려 시민이 일상에서 누리는 안전망을 촘촘하게 갖

추고, 동물행정·동물복지에도 행정력을 기울여 따뜻한 공존을 도모한다.

미래를 향한 지원과 대비에도 팔을 걷어붙인다. '미래세대지원과'를 신설하고, 관내 대학과의 협력을 다각도로 강화해 청년의 삶이 건강하게 뿌리내리는 기반을 다진다. '기후에너지과'를 새롭게 만들어 기후변화·탄소중립·친환경자동차 등을 보다 세밀히 다뤄 우리 앞에 다가올 미래를 적극적으로 준비한다. '도시균형개발추진단'을 새로이 조직해 신도시와 구도심 사이의 균형 잡힌 개발과 장기적·포괄적인 도시 미래전략을 추진한다. 건축디자인과에 신설되는 '도시공간전략팀'은 도시공간과 경관을 한층 입체적으로 고려해 부천의 미래 비전인 '공간복지'를 실질적으로 계획한다.

새로운 통합 도시 브랜드로 부천의 이미지 혁신

부천의 얼굴도 새롭게 바뀐다. 1990년 지자체 최초로 도시 아이덴티티CI 개념을 도입했던 부천시는 새로운 통합 도시 브랜드를 통해 다시 한 번 도시이미지 혁신에 나선다. 새로운 통합 도시 브랜드는 시민이 바라는 부천의 모습인 '문화도시, 스마트도시, 경제도시, 살기 좋은 도시'를 이미지로 나타냈다.

부천의 창의성과 도전성을 담아 여타 공공 브랜드와는 다른 시도를 한 점이 특징이다. 공공브랜드 최초 한글·영문 결합형 이미지와 기존 공공브랜드에서는 찾아보기 힘든 입체형 이미지를 하나의 디자인으로 녹여냈다. 영문 이미지는 1990년대부터 영화제를 비롯해 다양한

국제문화축제를 펼치고 있는 부천시의 세계무대 도약 의지를 담고 있다. 브랜드 개발과정에서 설문조사·공모전·전문가 자문 등을 진행해 시민의 마음과 전문성을 모두 담으며, 민선 8기 핵심 가치인 '시민소통'을 실천한 점도 의미가 남다르다.

다가오는 2024년, 부천시가 새롭게 달라진다. 추진이 쉽지 않았던 일도 있었고, 용기가 필요한 일도 있었다. 많은 시민과 공직자들이 보이지 않는 곳에서 구슬땀을 흘렸다. 이들이 부천의 저력이자 희망이라고 믿는다. 이 힘으로 나날이 변화하고 발전하는 부천을 만들 것이다.

경인일보, 2023.12.4.

부천과학고,
미래를 여는 열쇠

올해는 경기 부천시가 군에서 시로 승격한 지 50주년이다. 뜻 깊은 해를 기념하기 위해 그 어느 때보다 분주히 움직이며 적극행정을 펼치는 데에 주력했다.

결과물이 적지 않았다. 세계적인 전력반도체 기업인 온세미가 부천 사업장 실리콘카바이드sic 제조 시설을 증설했다. 1조 4000억 원을 투자해 오는 2025년까지 제조 및 연구개발 시설을 추가로 확대한다. SK그룹은 부천시와 대장신도시 제1도시첨단산업단지에 친환경 에너지 연구단지인 SK그린테크노캠퍼스를 조성하기 위한 입주 및 투자 협약을 체결했다. 부천아트센터와 웹툰융합센터를 개관했고, 쓰레기 소각장을 문화공간으로 바꾼 부천아트벙커B39도 재개관했다.

내년은 부천이 또 한 번 도약할 수 있는 한 해가 돼야 한다. 4차 산업혁명과 친환경 에너지산업으로 대변되는 시대에 '과학'이라는 화두가 부천의 중심이 될 것이다.

첨단과학 중점도시로 거듭나기 위해 과학고 설립 추진

부천은 '첨단과학 중점도시'로 거듭나기 위해 과학고 설립을 본격 추진한다. 지자체와 민관이 머리를 맞대고 현실적 타당성을 검토한 뒤 부천고를 과학고로 전환하기로 뜻을 모았다. 부천시, 부천고, 부천시의회, 부천교육지원청 등이 과학고 설립을 위해 힘을 뭉쳤다.

많은 부천시민들이 자녀 교육을 이유로 부천을 떠나고 있다. 특히 초등생, 중학생 자녀를 둔 부모들이 부천을 등지고 있다. 이렇게 한 번 떠난 가족들은 다시 부천으로 돌아오지 않는다. 2013년 약 87만여 명에 육박했던 부천의 인구는 2023년 약 78만 명 수준까지 줄었다. 불과 10년 만에 10만 명 가까운 인구가 빠져나간 것이다. 지역경제의 활기가 가라앉고 있다는 경고등이 여기저기서 들린다.

인재 양성 인프라의 부족은 부천의 도약을 가로막는 가장 중요한 장애물이었다. 과학고가 설립된다면 부천의 교육환경은 크게 개선될 것이다. '맹모삼천지교'를 위해 부천으로 우수한 인재들이 몰리는 전기가 될 것이다. 2006년 외국어고, 2015년 과학고 설립의 뜻을 이루지 못했지만 이번만은 반드시 성공해야 한다.

1,362만 인구 규모의 경기도에 과학고는 단 1곳밖에 없다. 경기도보다 인구수가 현저히 적은 서울940만·인천299만에는 과학고가 2곳씩 있다. 더군다나 과학고는 입학생을 광역별로 모집하기 때문에 경기도 내 과학고 입학 경쟁은 매우 치열하다. 경기도 유일 과학고인 경기북과학고의 2024년도 입학 경쟁률은 8.9:1로 같은 해 전국평균 경쟁률 3.49:1보다 2배 이상 높다.

아울러 경기북과학고는 북부권역인 의정부시에 자리하고 있다. 부천의 과학고 설립은 광명·시흥·안산 등 다른 서남부권역 도시의 교육환경을 개선하는 데에도 이바지할 것이다.

부천과학고는 부천의 미래를 여는 열쇠

부천은 이미 과학 거점도시로 성장할 중요한 기반들이 갖춰져 있다. 친환경 에너지 연구개발 인력이 모이는 SK그린테크노캠퍼스, 로봇산업의 내일이 태동하고 있는 부천로봇산업연구단지 등 첨단산업 인프라가 충분하다.

이런 상황에서 과학고는 부천의 미래를 여는 열쇠다. 지역의 우수 인재에게 더 나은 교육환경을 제공하고, 울타리 밖의 인재를 부천으로 끌어 모아야 한다. 그 인재들이 성장해 부천에 자리매김한 첨단 기업들에서 꿈을 펼치면 시너지 효과를 낼 수 있을 것이다. '첨단과학 중점도시'가 부천의 미래가 되길 기대한다.

동아일보, 2023.12.20.

진달래동산과
첨단산업도시 부천

최근 유튜브에 올라온 '공무원의 광기를 보여주는 충격적인 산' 제목의 동영상이 조회수 140만 회, 댓글 1,400개를 넘기며 누리꾼 사이에서 큰 관심을 끌고 있다.

평범한 동네 뒷산이었던 원미산을 부천시 공무원들이 달려들어 매년 진달래 나무를 심고 수시로 가꿔 부천시를 대표하는 관광명소로 만들었다는 내용이다.

덧붙여 설명하자면 원미산 내 진달래동산은 지난 1998년 IMF 금융위기 극복에 나선 시민의 손으로 태어난 곳이다.

나라를 뒤흔들었던 위기의 계절에 심은 묘목들이 뿌리를 내려 지금은 부천을 넘어 수도권의 봄을 나타내는 상징이 됐다.

어려운 시기일수록 다가올 미래를 준비해야

2024년 5월, 모두가 입을 모아 경제 위기를 말하고 있다. 금리·물가·

환율이 동시에 오른 탓에 국민의 지갑은 차갑게 얼어가고 있다. 봄은 왔건만 경제에는 한파가 부는 춘래불사춘春來不似春이다.

움츠러들기 쉬운 상황이지만 이런 시기일수록 다가올 미래를 준비해야 한다. 황량했던 원미산에 한 그루, 한 그루 진달래묘목을 심으며, 새로운 희망을 꿈꾸던 땀 흘림이 요구되는 시점이다.

부천시는 한때 경인 지역 공업의 핵심이었다. 경인고속도로·부천 인터체인지IC 등 도로 인프라와 인천과의 지리적 접근성으로 생산품 수송·수출에 유리했다. 하지만 수도권 규제에 묶이며 성장하는 기업들이 하나둘 떠났고, 이내 기업도시의 면모가 쇠퇴했다.

첨단산업도시를 향한 부천시의 묘목 심기

부천시는 다시 '기업 유치'에 팔을 걷어붙이며, 첨단산업도시를 향한 묘목 심기에 나섰다.

기회의 땅은 3기 신도시가 들어설 '부천 대장'이다. 이곳에 마련될 도시첨단산업단지에 SK그룹 산하 친환경 에너지 연구개발R&D 단지인 SK그린테크노캠퍼스가 오는 2028년까지 입주할 예정이다.

SK이노베이션, SK에너지, SK지오센트릭, SK온, SK E&S, SKC, SK머티리얼즈 등 SK그룹의 친환경 에너지 분야 핵심 계열사 7곳이 한자리에 모인다. 투자 규모는 1조 원 이상으로 오는 9월 SK그룹과 입주계약을 체결한다.

부천시는 이를 선도기업으로 삼아 반도체·미래차·정밀기계 등 첨단산업단지를 만들 계획이다. 서울 마곡, 인천 계양과 트라이앵글 산업

벨트를 이뤄 정보기술IT과 소프트웨어 중심의 스타트업 육성에도 힘을 쏟는다.

인천국제공항, 김포국제공항, 인천항 등 국가 물류 인프라와도 인접해 하늘과 바다를 보다 편리하게 활용할 수 있다는 장점도 있다.

산업단지 조성을 위한 실질적인 행정절차 모두 마쳐

이와 더불어 향후 서울 중심부를 편하게 오갈 수 있는 GTX수도권광역급행철도-D·E, 대장~홍대선 등 광역철도망도 갖춰 우수 인재 확보에 유리하다.

이곳에 입주하는 기업을 대상으로 시세보다 낮은 조성원가로 부지를 공급하고, 취득세·재산세를 감면하는 등 각종 인센티브도 제공한다.

지난해에는 제1·2 도시첨단산업단지 지정계획을 고시했고, 경기도 산업단지계획 및 국토교통부 수도권 정비위원회의 심의를 거쳤다. 올해 1월에는 산업단지계획을 고시하며 산업단지 조성을 위한 실질적인 행정절차를 모두 마쳤다.

거칠고 쓸쓸하던 뒷산이 분홍빛 물결이 넘실대는 진달래 동산으로 변모했듯 부천 대장을 미래기술과 무한한 가능성을 지닌 기업들이 깊이 뿌리내리고 크게 꽃피우는 첨단산업의 동산으로 탈바꿈시킬 것이다.

경기일보, 2024.5.22.

문화예술과 만나
새 길을 열어줄 부천과학고

부천시는 지금 경기형 과학고를 설립하기 위해 시민과 함께 부단히 달리고 있다. 지역의 정치권·학부모·시민사회도 한마음 한뜻이 돼 힘을 모아주고 있다.

지난 3월 부천시의회가 부천시 과학고 설립 지지 결의안을 만장일치로 채택하고, 지난 7월부터는 부천 지역사회를 망라한 민간협의체가 구성돼 본격적인 활동을 시작했다.

부천시는 과학고 설립 준비 기간 단축, 예산 절감, 지역의 긍정적인 분위기 등 여러 강점을 갖고 있다. 그중에서도 백미는 과학 인재들의 가능성을 더욱 꽃피워줄 문화예술 콘텐츠와 인프라가 그 어느 곳보다 풍성하다는 점이다.

과학 인재와 문화예술 등 창의력 인재들에 새 지평

부천은 문화예술 기반이 다방면으로 탄탄하게 갖춰진 도시다. 도시의 발전을 이끈 힘이라고 해도 과언이 아니다.

1997년 부천국제판타스틱영화제BIFAN를 시작해 부천국제만화축제 BICOF, 부천국제애니메이션페스티벌BIAF 등 국제문화축제를 20년이 넘도록 성공적으로 이어가고 있다.

2017년에는 동아시아 최초로 유네스코 문학창의도시 선정, 2019년 에는 국가지정 문화도시 선정 등 공신력 있는 대내외 기관의 인정도 받았다. 지난해 부천아트센터·웹툰융합센터가 개관하며, 한 차원 더 진화했다.

나아가 최근 막을 내린 제28회 부천국제판타스틱영화제에서는 대한 민국 국제영화제 최초로 '인공지능AI 영화 국제경쟁 부문'을 도입하 고, 국세콘퍼런스와 워크숍도 개최하며 AI와 만난 문화예술을 화두 로 던졌다.

자본의 제약 없이 참신한 아이디어만 있으면 카메라와 배우가 없어 도 영화 제작이 가능하다는 것을 보여줬다. 부천에서 과학과 문화예 술이 만나 전에 없던 가능성을 열었다.

영화·만화·웹툰·클래식·문학 등 부천에 자리 잡은 다채로운 문화예 술이 톡톡 튀고 창의적인 사고를 하는 과학 인재들에게도 새로운 지 평을 열어줄 것이다.

과학 인재와 문화예술의 만남은 시대 흐름과도 부합한다. 과학 Science, 기술Technology, 공학Engineering, 수학Mathematics을 하나로 묶은 교육과정을 각 영단어의 첫 알파벳을 따 'STEM 교육'이라 부른다. 현재는 STEM에 예술Arts을 추가한 STEAM이 '융합교육'이라는 이름으로 교육 현장에 널리 활용되고 있다. 문화예술이 지닌 창의성과 혁신의 영감이 이공계 영역과 어우러지며 학생들에게 더 넓고 참신한 시야를 제공하고 있다.

과학인재 세계 곳곳 비상…… 새로운 길 열 것

실제로 뛰어난 과학자 옆에는 문화예술이 있다. 르네상스 시대 이탈리아가 낳은 천재 레오나르도 다 빈치는 과학과 예술 모두에 능했다. 그의 작품을 보면 예술적 아름다움과 과학적 정교함이 함께 느껴진다.

'상대성 이론'으로 유명한 천재 물리학자 알버트 아인슈타인은 바이올린을 배우면서 음악에 눈을 떴다. 연구가 뜻대로 진행되지 않을 때마다 바이올린을 들었고, 음악적 영감을 통해 실마리를 풀었다.

그는 "상대성 이론은 나의 직감에서 왔다. 그 직감은 바로 음악에서 비롯됐다. 내가 여섯 살이 되던 해 부모님이 소개한 바이올린 덕분에 음악에 심취하게 됐다"고 말하기도 했다. 이렇듯 예술은 감상과 취미를 넘어 세상을 뒤흔드는 역사적 도약에 훌륭한 동력이 된다.

미래세대의 창의력 증진과 예술 감수성 향상을 위한 지역사회의 움직임도 발 빠르게 이뤄지고 있다. 이달 부천문화재단과 경기도부천교육지원청은 지역·학교 연계를 통한 문화예술교육 확장을 위해 업무협약MOU을 체결했다.

두 기관은 이번 협약을 통해 △지역·학교 문화예술 자원을 활용한 문화예술교육 활성화 △지역 연계 교육과정 운영과 평가 △미래 창의인재 육성을 위한 문화예술 융합형 프로그램 개발과 운영 △지역 연계 교육을 위한 학교 밖 배움 공간 확대 등을 추진할 계획이다.

이와 더불어 부천에는 첨단산업이 움트고 있다. SK그룹의 친환경 에너지 연구개발R&D을 이끄는 고급두뇌들이 부천 대장 도시첨단산업단지 SK그린테크노캠퍼스에 모이고, 부천로봇산업연구단지에서는 로봇산업의 내일이 자라고 있다.

이 같은 4차 산업의 둥지에서 문화예술의 양분을 한껏 흡수한 과학인재들이 대한민국을 넘어 세계 곳곳에서 하늘 높이 비상할 것이다. 부천의 과학고는 비단 부천만이 아닌 모두를 위한 선택이다. 부천의 과학고는 우리 앞에 새로운 길을 열어줄 것이다.

경인일보, 2024.8.19.

건강한 여가와
쉼을 주는 도시, 부천

낮과 밤을 불문하고 무더위가 계속되고 있다. 기후변화의 영향으로 이 같은 현상은 여름마다 반복될 것이다. 쉽게 지치고 불쾌해지는 일상은 삶의 행복도를 떨어뜨린다.

꽉 막힌 도시는 그 자체만으로 스트레스를 불러일으킨다. 바쁜 일과 중에도 한숨 돌리는 시간이 필요하듯 빡빡한 도시 공간에도 여유가 있어야 한다.

부천시는 매우 조밀한 도시다. 한때 경기도 시·군 가운데 가장 높은 인구밀도를 보였다. 공원녹지가 부족하다는 지적이 늘 따라붙었다. 공원녹지 확충은 시민을 대상으로 정책 수요를 조사할 때마다 주차면 확보와 더불어 고정으로 등장한다.

공원녹지 마련에 팔을 걷어붙인 민선 8기 부천시정

민선 8기 부천시정은 이러한 시민의 바람을 수용해 공원녹지 마련에

팔을 걷어붙였다.

부천대공원2026년 예정, 소사대공원2029년 예정, 오정대공원2025년 예정을 구별 거점대공원으로 조성하는 등 부천 곳곳에 축구장 100개 크기의 공원녹지를 만드는 계획을 추진하고 있다. 이를 통해 원미·소사·오정 등 3개 지역의 시민에게 균형 잡힌 녹색복지를 제공할 방침이다.

이미 존재하고 있는 공원녹지는 시민 활용성을 높이기 위해 노력하고 있다. 시민이 자주 이용하는 도시공간도 생명력 넘치는 곳으로 재탄생시키고 있다.

세부 실천안으로 △마루광장-부천로-심곡천을 잇는 걷고 싶은 거리 조성 △송내대로 걷고 싶은 푸른빛 산책로 조성 △오정근린공원·부천중앙공원 미세먼지 저감·차단숲 조성 △부천자연생태공원 내 '누구나 숲길' 야간 테마 경관 조성 △상동 시민의 강 개보수 및 생태하천 조성 등을 추진하고 있다.

지난해 10월에는 외곽순환도로 아래 위치한 해그늘식물원의 리모델링을 마쳤다. 이곳은 지난 2011년 전국 최초 음지식물로 조성한 공원으로 이번 정비를 통해 3만여 본의 음지식물과 테마음지원을 갖추게 됐다. 장애인·노약자 등 교통약자도 편하게 거닐 수 있는 무장애 산책로를 마련했으며, 보도 폭도 3m 넓혀 보행자 편의 개선과 안전사고 예방에 힘썼다.

고리울가로공원은 다양한 연령대의 목소리를 반영해 자연친화 휴식처로 탈바꿈했다. 어린이 놀이위원회의 의견에 따라 개방형 놀이공간을 조성했고, 어르신 전용 운동기구 구역도 정비했다. 인근에 있는 서서울호수공원까지 산책코스가 이어져 시민의 여가 생활과 원도심 활력 증진에 큰 역할을 할 것으로 기대된다.

아울러 시민이 보다 안전하고 편리하게 맨발 걷기를 즐길 수 있도록 산책길 노면 정리 및 편의시설도 확충하고 있다. 관내에 만들어진 자연발생 맨발길 21곳에 더해 맨발길 5곳을 새로 만들었다.

'아름다운 도시숲 50선'에 선정된 상동호수공원

최근 상동호수공원이 산림청 주관 '아름다운 도시숲 50선'에 선정됐다. 총 3,062명의 국민이 추천한 도시숲 916곳을 두고 심사를 거쳐 최종 선정한 결과다.

상동호수공원은 현새 부천시 75개 단체가 모인 총 4,000여 명의 시민운영단이 텃밭 가꾸기 등 도시농업을 비롯해 다채로운 생태·환경·문화 프로그램으로 풍성하게 꾸미고 있다.

상동호수공원은 시민이 직접 참여해 가꾸는 '시민의 공간'이다. 이 같은 시민참여의 힘으로 지금은 연평균 200만 명의 시민이 다녀갈 만큼 폭넓게 사랑받고 있다.

공원 내 자리한 부천호수식물원 수피아도 많은 관람객이 방문하고 있으며, 올해부터 야간 개장을 운영해 활용성을 한층 높였다.

누구에게나 쉼은 필요하다. 하루를 치열하게 보낸 시민들이 부천에 돌아와 휴식을 취하게 하고 싶다. 무거운 발걸음을 내딛는 등하교·출퇴근길, 휴일을 맞아 가족과 함께 나선 산책길 모두에게 편안한 녹색 공간이 있길 바란다.

시민이 체감하는 정책, 시민의 삶을 실질적으로 개선하는 변화를 이루는 것이 시정의 핵심 목표이자 가치다.

녹지가 절대적으로 부족한 도심지 곳곳을 효율적으로 활용해 시민에게 건강한 여가와 쉼을 계속해서 제공할 계획이다. 민선 8기 부천시정은 시민의 일상에 초록빛 활력과 행복을 더하기 위해 멈추지 않고 최선을 다할 것이다.

기호일보, 2024.8.19.

부천과학고,
첨단과학 교육도시를 향한 포석

부천시가 최근 과학고 유치를 확정했다. 기존의 부천고를 과학고로 전환하는 방식으로, 오는 2027년에 문을 연다. 과학고 설립은 부천시민의 오랜 바람이었기에 추진 단계에서부터 바둑판 앞에 앉은 바둑기사처럼 매 순간 심혈을 기울였다. 부천이 나아갈 활로를 개척하면서 실리를 취하는 중요한 한 수였고, 첨단과학 교육도시를 향한 포석이자 도시 경쟁력을 높이는 정석이라고 판단했다.

인구와 인재 유출 막고, 교육도시를 향한 묘수가 될 것

교육 인프라 확충은 부천이 안고 있는 오랜 과제다. 많은 부천시민이 자녀 교육을 이유로 부천을 떠났고, 이는 인구 유출과 도시 경쟁력 약화로 이어졌다. 인구와 인재 유출을 막고, 맹모삼천지교의 심정을 가진 시민들을 부천으로 유인하는 묘수가 될 것이라 기대하며, '과학고 설립'이라는 회심의 승부수를 놓았다.

부천에 소재한 경기예고의 경우, 전국 단위로 모집한 2024년 입학생 중 30% 가까이가 부천 출신이다. 예고 진학을 목적으로 전입하거나 부천의 학생들이 진학의 꿈을 키운 것으로 보이는데, 과학고 설립으로 이 같은 긍정적인 효과가 나타나길 희망한다.

이제 과학고를 동력으로 첨단과학 교육도시를 향한 발걸음에 더욱 속도를 붙일 것이다. 또한 과학고·일반고 학생 모두 사교육에 의존하지 않고 전문적인 심화 교육으로 잠재력과 가능성을 한층 키우도록 힘쓸 것이다.

먼저 과학고는 학생 각자가 관심 분야를 선택해 교육과정의 다양성과 자율성을 누리도록 할 계획이다. 이와 더불어 △지역 로봇산업과 연계한 특화 교육과정 △과학·문화예술 융합교육 △지역 산업연계 교육과정 등 다채롭고 특화된 교육과정을 운영할 예정이다.

향후 SK그린테크노캠퍼스·부천로봇산업연구단지·온세미·DB하이텍 등 부천의 첨단산업 기반을 활용해 학생들의 교육-취업-정착이 이뤄지는 선순환 구조 구축도 꾀하고 있다. 인재 육성을 통해 경제·산업·미래 기술 분야의 경쟁력을 키우면서 자족도시로서의 역량도 함께 높이기 위한 청사진이다.

사교육비 부담 낮추고 양질의 교육 기회 확대

혜택이 특정 소수에게만 국한되지 않도록 지역공동체와의 상생발전 방안도 마련 중이다. 부천시는 공동교육과정·멘토링 등 과학고의 교육자원을 공유하고, 지역과학교육 거점기관부천미래과학센터 운영을 지원해 지역의 초·중·고 학생과 시민을 위한 교육 기회를 확대할 계획이다.

일반고 학생들에게도 과학중점교 등 교과특성화 과정을 통한 심도 있는 과학교육 기회를 제공하고, △기초학습 보충 △심화 수업 △진로지도 강화 등 학습 수준에 맞춘 다양한 교육과정 프로그램을 지원하고자 한다.

또한 부천시는 강남구가 운영하는 인터넷 수능방송 강남인강과 연계한 '부천-런Learn'을 올해부터 시작했다. 관내 중·고등학생 1,830명이 자부담 1만 원으로 국어·영어·수학 등 주요 과목 강의를 1년간 무제한 이용할 수 있어 교육비 부담을 낮추는 데에 큰 도움을 주고 있다.

미래를 이끌 창의·융합형 인재를 기르는 동시에 사교육비 부담을 낮추고 양질의 교육 기회를 확대하고자 한다. 이에 첨단산업 생태계와 서울과 인천을 잇는 지리적 이점, 뛰어난 문화예술 기반이 더해지면 부천의 도시 가치는 한껏 높아질 것이다. 과학고 설립이 부천의 도약을 위한 '신의 한 수'가 되도록 각고의 노력을 다하겠다.

중앙일보, 2025.3.26.

기본사회 위에 싹트는
첨단과학 교육도시 부천

세상 모든 일은 기본이 중요하다.

공부는 기초학습, 운동은 기본기를 익히는 것부터 시작된다. 시정의 기본은 민생이다. 시민의 삶을 잘 돌보고, 더 나은 현재와 미래를 만들어가는 것이 기본 과제다.

이재명 정부 출범 첫날, 부천시는 새 정부 10대 공약과 더불어 부천시 발전을 위한 대응 전략을 빠르게 점검했다. 특히 2025년 부천시 핵심 시정 비전으로 제시했던 '부천형 기본사회'와 연계할 기본사회 관련 공약을 꼼꼼히 챙겼다.

아울러 △경인선 지하화 △수도권광역급행철도GTX-D 단계적 추진 △준고속열차 소사역 정차 △부천종합운동장 역세권 조성 △원도심·신도시 스마트 도시화 △제2경인선 옥길·범박 경유 등 부천시 핵심 과제도 빈틈없이 살폈다.

이재명 정부 첫날, 부천시 발전 대응 전략 점검

'기본'은 놓쳐서는 안 되는 매우 중요한 가치다. 부천시는 최소한이 아닌 기본적인 시민의 삶을 보장하기 위해 '부천형 기본사회' 실현에 공을 들이고 있다.

부천시는 사교육비 부담을 덜고 기본교육을 강화하기 위해 초등학생 입학준비금과 중·고등학생 대상 부천-런Learn 온라인 교육 사업을 도입해 추진하고 있다.

부천-런은 서울 강남구가 운영하는 인터넷 수능방송 강남인강과 연계한 온라인 학습프로그램으로 부천시 중·고등학생 1,830명이 자부담 1만 원으로 국어·영어·수학 등 주요 과목 강의를 1년간 무제한 이용할 수 있다.

부천형 기본복지와 기본 돌봄도 보다 강화하고 있다. 부천시는 지역 밀착형 복지의 모범사례로 인정받고 있는 부천형 스마트 안전부천 시스템을 지속적으로 추진하고, 이를 구성하는 온스토어·스마트온 부천 앱 등 세부 사업들을 계속 발전시켜 복지안전망을 더욱 촘촘히 갖추고 있다.

실직으로 어려움을 겪던 한 20대 청년이 부천시 온스토어 사업을 통해 라면·즉석밥 등 생필품을 지원한 슈퍼마켓 주인에게 "덕분에 살아있다"는 진심 어린 편지를 전한 사실이 최근 언론에 보도되며 이목을 끌기도 했다. 이처럼 부천의 기본복지는 현장에서 살아 움직이고 있다.

경기도 최초 치매안심병원인 부천시립노인전문병원을 통해 전문적

진단과 맞춤 치료를 통합 제공하고, 60세 이상 시민을 대상으로 찾아가는 치매 조기검진 사업도 추진하고 있다.

부천시는 이 같은 기본사회 위에 '첨단과학 교육도시' 비전을 하나하나 구현하고 있다. 올해 2월 부천과학고 유치를 확정하며, 교육도시로서의 주춧돌을 놓았다. 온 시민이 나서서 성취한 쾌거였다.

기업 유치를 연이어 이루며 또 하나의 주춧돌을 놓았다. 올해 1월 선반 및 머시닝 센터 제조 분야 국내 1위이자 글로벌 톱3 기업인 DN솔루션즈와 2천4백억 원 규모의 투자협약을 체결했다. 오는 2028년 준공을 목표로 부천 대장 제1도시첨단산업단지 내 14,334㎡약 4천3백 평 규모 DN솔루션즈의 첨단기술 연구개발R&D 센터가 들어선다.

교육·복지·돌봄 강화, 부천과학고와 첨단산업 생태계 조성

올해 4월에는 대한항공과 2030년까지 부천 대장 제2도시첨단산업단지 내 65,845㎡약 2만 평 부지에 무인기연구소, 무인기조립장, 운항훈련센터 등을 조성하는 내용의 투자협약을 체결했다.

1조 2천억 원 규모의 미래 모빌리티 기지로, 부천이 도심항공교통UAM 및 항공안전 R&D의 세계적인 거점 도시로 거듭나는 도약판이 될 것이다.

이곳에는 석·박사급 전문 인력 1천여 명이 머물게 된다. 운항훈련센터는 아시아 최대 규모로 매년 2만 1천여 명을 대상으로 항공 조종사 교육훈련을 진행할 수 있다.

부천시는 지난 2023년에 SK그린테크노캠퍼스를 부천 대장 제1도시첨단산업단지에 조성하는 입주·투자협약도 맺은 바 있다.

항공기술·정밀기계·친환경 에너지 등 각각 다른 분야를 선도하는 기업들이 한공간에 모이면서 기술 융합·R&D 연계·협력 네트워크 형성 등 긍정적인 시너지를 낼 것으로 기대한다.

부천과학고와 첨단산업 생태계 조성, 이 두 주춧돌 위로 '회복과 성장'이라는 튼튼한 기둥과 외벽을 흔들림 없이 쌓고자 한다.

시민이 주인인 시민주권 도시, 기업가와 소상공인의 표정에 활기가 감도는 희망찬 지역공동체, 시민의 기본적인 삶을 보장하는 기본사회 위에서 첨단과학 교육도시를 싹틔워 함께 잘 사는 부천으로 나아갈 것이다.

경인일보, 2025.6.16.

민생회복 소비쿠폰과
지역화폐는 민심民心이다

지난해 폐업한 자영업자 수가 사상 처음으로 100만 명을 넘어섰다. 국세청이 이달 6일 발표한 통계에 따르면 지난해 개인·법인을 포함해 폐업 신고를 한 사업자는 100만 8,282명이며, 이 가운데 소매업·음식점업 비중이 45%에 달했다.

폐업률은 9.04%, 지난해 영업 활동을 한 사업자 100명 가운데 9명이 폐업했다는 의미다. 길거리를 다니다 보면 창문이나 출입문에 '임대'를 써 붙인 상점을 어렵지 않게 찾아볼 수 있다.

지역경제를 지탱하는 자영업자들의 빚 문제 심각

폐업의 가장 큰 이유는 '사업 부진'이다. 코로나19 팬데믹 시기에 누적된 적자와 고금리로 인한 연체율 악화가 크게 영향을 미친 것으로 풀이된다.

설상가상으로 반헌법적 12.3 비상계엄이 벌어지며 경제 상황은 걷잡을 수 없이 나빠졌다. 정치·경제적 불확실성이 커지면서 투자 및 소비 심리가 그대로 얼어붙었다. 지역경제엔 돈의 흐름이 메말라버렸다.

심각한 내수 부진으로 빚을 갚지 못하는 자영업자들의 문제도 심각하다. 한국은행의 금융안정상황 보고서에 따르면 올해 1분기 말 기준, 취약 자영업자 저소득·저신용 다중 채무자 대출 연체율은 12.24%로, 2013년 2분기 말 13.54% 이후 최고치를 기록했다.

자영업자, 소상공인, 전통시장, 골목상권은 지역경제를 지탱하는 중요한 밑기둥이다. 이들이 벼랑 끝에 내몰렸다는 사실은 우리 경제에 켜진 적신호다.

새롭게 들어선 이재명 정부는 이를 극복하기 위해 출범하자마자 민생안정과 경제 선순환을 위한 속도전을 시작했다. 이재명 대통령은 취임과 동시에 1호 행정명령으로 비상경제점검 TF를 구성하며 경기회복과 민생경제부터 챙겼다. 이 같은 기민한 움직임으로 시장에 긍정적인 분위기가 퍼지며 코스피가 3년 6개월 만에 3,000선을 뚫었다.

추가경정예산 편성도 신속하게 이뤄졌다. 모든 국민을 대상으로 한 민생회복 소비쿠폰 지급과 자영업자·소상공인 등 취약 차주 채무 탕감 방안이 담긴 2차 추경안이 이달 4일 국회 본회의를 통과했다. 새 정부 출범 31일 만이다.

민생회복 소비쿠폰 신청과 지급은 이달 21일부터 9월 12일까지 8주간 진행된다. 민생회복 소비쿠폰 1차 지급 대상은 전 국민이다. 지원금액은 1인당 15만 원이 기본이며 차상위계층과 한부모가족은 1인당 30만 원, 기초생활수급자는 1인당 40만 원 등 소득별 맞춤형 지원도

이뤄진다. 서울·경기·인천을 제외한 비수도권 지역 주민에게는 3만 원을, 소멸 위기를 겪고 있는 농·어촌 인구감소지역 주민에게는 5만 원을 추가로 지급한다.

민생회복 소비쿠폰과 지역화폐는 지역경제를 살리는 마중물

이재명 대통령이 언급한 대로 '경제는 타이밍'이다. 소비가 본격적으로 이뤄지는 성수기인 여름 휴가철에 맞춰 민생회복 소비쿠폰을 지급해야 경제 활성화 효과를 더욱 키울 수 있다. 특히 서민과 취약계층의 살림살이에 매우 큰 도움이 될 것이다.

이와 더불어 부천시는 내수 회복과 지역경제 활성화의 확실한 기회를 만들기 위해 지역화폐인 부천페이의 올해 발행 목표액을 억대 최대 규모인 4,000억 원으로 대폭 늘릴 예정이다.

부천페이는 민생현장에서 큰 호응을 얻고 있다. 최근 관내 가맹점주 200명 대상 만족도 조사에서 91.7%가 '지역경제 활성화에 도움이 된다', 73.4%가 '사업장 운영에 도움이 된다'고 각각 응답했다.

부천시민 800명을 대상으로 한 시민의식 조사에서도 지역경제와 관련해 가장 높은 선호도56.8%를 보인 정책이 '부천페이 활성화'였다. 많은 부천시민과 소상공인이 정책 효과를 체감하는 것으로 평가된다.

부천페이는 지난 2019년 4월 첫선을 보인 뒤 현재 가입자 48만여 명, 가맹점 2만 5,000여 곳을 확보하며 시민의 삶으로 완전히 녹아들었다. 먹고사는 일부터 해결하라는 것이 국민의 마음이고 명령이다. 민심民

心은 천심天心이라 했다. 민생회복 소비쿠폰과 지역화폐는 민심과 천심을 따르는 길이기에, 부천시는 책임을 다해 정책의 성공 모델을 만들고자 한다.

모든 국민이 주인인 나라, 국민주권 대한민국은 '민생경제 회복'부터 시작된다고 믿는다. 민생회복 소비쿠폰과 지역화폐는 말라 있던 지역경제를 살리는 마중물이 되고, 민심의 바다로 향하는 강물이 될 것이다.

매일경제, 2025.7.15.

AI 기본사회로 더욱 키우는
민생경제

'민생회복 소비쿠폰' 1차 접수가 시작된 첫날 아침, 하루 첫 번째 일정으로 행정복지센터 현장접수반을 찾아 시민들을 만났다. 시민들의 표정에는 오랜만에 조금은 넉넉해질 지갑 사정에 대한 기대감이 담겨 있었다. 한동안 움츠렸던 소비가 다시 활기를 되찾을 수 있다는 신호처럼 느껴졌다.

부천시는 시민의 기대에 부응하고 민생경제 회복의 타이밍을 놓치지 않기 위해 누구나 편리하게 소비쿠폰을 신청할 수 있는 다양한 방안을 고민했다. 소비가 본격적으로 이뤄지는 성수기 여름 휴가철에 맞춰 민생회복 소비쿠폰을 지급해야 경제 활성화 효과를 더욱 키울 수 있다고 판단했기 때문이다.

민생경제의 어려움을 살피고 소통하는 것이 중요

먼저 전담 조직TF을 발 빠르게 구성해 신청 접수, 민원 응대, 이의 신청 처리 등의 업무를 지원했다. 평일 방문이 어려운 시민을 위한 주말에도 문을 여는 창구도 운영하고 있다.

37개 동의 접수 현장은 절차 개선에 더욱 신경 썼다. 대기 시간을 줄이고 신청서 작성이 어려운 분들을 위해 지원 인력을 배치했다. 거동이 불편한 고령자와 장애인은 1층에 별도로 설치된 우선접수 창구를 이용할 수 있게 하고, 방문이 어려운 시민을 대상으로 찾아가는 신청 서비스도 운영 중이다.

1차 접수가 마무리된 이후에는 전통시장과 골목상권을 찾아 상인과 시민의 의견을 경청하고, 현장에 맞는 실질적인 소비 진작 방안을 논의할 예정이다. 항상 현장에서 답을 찾아왔듯이 이번에도 시민들로부터 민생경제의 어려움을 살피고 소통하는 것이 중요하다는 생각이다.

부천시는 민생회복 소비쿠폰과 함께 지역화폐인 부천페이를 내수 회복과 지역경제 활력의 촉매로 삼고 있다. 올해 발행 목표액을 역대 최대 규모인 4천억 원으로 상향하고, 인센티브도 점차 늘리는 방향을 고민하고 있다.

실제로 부천페이에 대한 시민들의 평가는 긍정적이다. 18세 이상 부천시민 800명을 대상으로 진행한 시민의식조사에서 부천페이를 민생경제 활성화 방안으로 가장 선호한다고 응답한 비율은 56.8%에 달했다. 지역상권 활성화에 도움이 된다는 응답도 52%를 기록했다.

가맹점주 200명을 대상으로 한 만족도 조사에서는 91.7%가 부천페이가 지역경제 활성화에 도움이 된다고 답했고, 사업장 운영에 도움이 된다는 답변도 73.4%로 나타났다.

현재 부천페이 가맹점 수는 약 2만 5천여 곳, 지난해 기준 가입자는 48만 2천여 명이다. 시민이 필요한 때, 필요한 곳에서 부천페이를 편리하게 사용할 수 있는 환경이다.

이재명 정부의 'AI 기본사회' 모델 최대한 활용

이에 더해 부천시는 기본사회 정책을 활용해 민생회복 소비쿠폰과 부천페이 관련 정보를 보다 효과적으로 시민에게 전달하고 있다. 더욱이 이재명 정부가 적극 추진하고 있는 'AI 기본사회' 모델을 최대한 활용 중이다.

'온마음 AI 복지콜'을 통해 기초생활수급자 등 정보 접근에 도움이 필요한 계층을 대상으로 맞춤형 복지정보를 신속·정확하게 제공하는 동시에 민생회복 소비쿠폰 신청도 발 빠르게 안내한 점이 대표적이다.

온마음 AI 복지콜은 AI 음성분석 프로그램을 활용해 경도 인지장애 위험군을 조기 발견하고 치매를 선별하는 검사 서비스도 시작했다. 이 프로그램은 내년부터 부천형 스마트경로당에서도 시행될 수 있도록 준비하고 있다. 얼마 전에는 이재명 정부 국정기획위원회가 부천시를 찾아 스마트경로당과 온마음 AI 복지콜을 직접 살펴보고, 향후 발전방안을 함께 모색하기도 했다.

민생경제 회복은 한순간에 이뤄지지 않는다. 하지만 부천시는 탄탄한 기본사회 정책과 이재명 정부와의 긴밀한 협력을 바탕으로 시민과 함께 그 길을 걷고자 한다.

항상 현장의 목소리를 세심히 듣고, 정책에 적극적으로 반영하기 위해 끊임없이 노력하고 있다. 부천시는 앞으로도 사람 중심, 현장 중심의 시정을 통해 지역경제와 시민의 삶에 온기를 더하겠다.

기호일보, 2025.7.29.

사람이 살아가며 삶의 모습이 바뀌고 찾아온 계절마다 풍경이 바뀌듯, 도시도 저마다의 시기마다 옷을 갈아입습니다. 오늘날 문화도시 부천이 새로운 변화를 맞이하고 있습니다. 90년대부터 한 세대에 걸쳐 문화의 힘을 길러온 부천이 더 큰 가능성을 품에 안으며 또 한 번 도약을 준비하고 있습니다. 이 책을 통해 미리 본 부천의 미래를 더 많은 독자와 나누고 싶습니다.

원혜영_(사)웰다잉문화운동 공동대표

성경이 말하는 성실·정의·정직의 리더십을 조용익 시장은 시정으로 실천해 왔습니다. 시민을 주인으로 섬기고 사회적 약자를 배려하며, 미래를 향한 연구와 비전으로 부천의 오늘과 내일을 준비합니다. 사람 중심 행정의 진정성을 담은 이 책을 추천합니다.

허원배_부천시 지속가능발전협의회 대표회장

조용익 시장은 소신과 철학을 가지고 꾸준히 현장을 찾아 소통하며 시민들이 바라는 바를 하나하나 해결해 주는 진솔한 사람이라는 것을 느꼈습니다. 더 크고 밝은 큰 도시 부천을 만들어나가려는 새로운 비전을 제시하는 고민과 흔적들이 곳곳에 담겨져 있습니다. 앞으로 부천이 어떻게 변화하고 발전되어 나갈 것인지 이 책을 통해 만나보시면 좋겠습니다.

영담_석왕사 주지스님

도시의 크기는 면적이 아니라 그 안에 담긴 꿈의 크기에서 결정됩니다. 『조용익의 부천 넓게 쓰기』는 부천이 품어온 가능성과 미래를 향한 믿음을 진솔하게 보여줍니다. 물리적 수치가 아닌 꿈과 가능성으로 도시를 바라보게 하는 오늘의 행정 기록이자 내일을 향한 조용한 기도가 담긴 이 책을, 지속 가능한 부천의 내일을 고민하시는 분들과 함께 나누고 싶습니다.

이상희_사회복지법인 인천가톨릭사회복지회 회장

조용익 시장의 책은 한 도시의 크기를 면적이 아닌 사람과 가능성으로 다시 정의한 기록입니다. 시민의 삶을 중심에 둔 저자의 철학은 스포츠가 지향하는 공동체와 성장의 가치와도 깊이 맞닿아 있습니다. 부천의 오늘을 성찰하고 내일을 그려보고 싶은 분들께, 이 책은 도시를 바라보는 새로운 시각과 깊은 공감을 전해줄 것입니다.

유승민_대한체육회장

부천FC1995가 2025 시즌에 구단 창단 후 첫 K리그1 승격을 이뤘습니다. 홈과 원정을 가리지 않고, 비가 오나 눈이 오나 응원석에서 시민과 함께 승리를 외쳐주신 열정이 떠오릅니다. 경기장에서 보았던 부천을 향한 조용익 시장의 열정과 애정을 이 책에서 엿보실 수 있습니다. 새로운 역사를 써 내려가는 부천의 발자취가 궁금하신 분들께 일독을 권합니다.

이영민_부천FC1995 감독

무대 위 배우의 진심이 관객을 감동시키듯, 조용익 시장의 행정에는 늘 사람을 향한 진정성이 살아있습니다. 이 책은 단순한 시정 기록을 넘어 부천의 공간과 가치를 새롭게 디자인하려는 그의 담대한 설계를 담고 있습니다. 부천의 내일을 함께 꿈꾸고 싶은 모든 분께 이 책을 기쁜 마음으로 추천합니다.

이기영_배우

배우가 무대 위에서 매 순간 진심을 쏟아내는 열정과 같이, 조용익 시장은 부천이라는 큰 무대에서 시민을 향한 진심을 기록했습니다. 낡은 관습을 깨고 소통과 경청으로 시민의 불편을 해결해 나가는 그의 도전은 우리에게 큰 울림을 줍니다. 부천의 새로운 가능성을 확인하고 더 넓은 미래를 꿈꾸는 모든 분께 이 책을 기쁘게 추천합니다.

이원종_배우